아빠가 먼저 읽고 자녀에게 추천하는

주 역

아빠가 먼저 읽고
자녀에게 추천하는

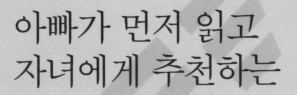

주역

문진식 지음

지혜의 보물 창고, 주역의 현대적 재해석

"주역을 알면 세상을
손에 쥘 수 있다!"

한국경제신문 *i*

주역에 대한 선입견을 가지신 분은 주역을 읽기 전에 그 선입견을 내려놓으시기 바랍니다. 주역에 대한 사전 지식이 없는 분이 오히려 주역을 제대로 이해할 수 있습니다. 주역은 어렵지 않습니다. 주역은 쉽게 이해할 수 있는 책입니다. 주역은 오늘날에도 실전에서 활용할 먹을 수 있는 실용전략입니다. 주역은 고대의 백과사전百科事典입니다. 주역에서 유가儒家, 도가道家, 법가法家, 병가兵家, 묵가墨家 등의 뿌리를 발견할 수 있습니다. 주역은 불경佛經, 성경聖經, 도장道藏 등과 통하고 있습니다. 주역에 통달하면 용龍, 즉 왕王이 된다고 합니다. 주역은 핵심적인 성공 전략 지침서입니다.

차•례

이 책은 쉽다. 주역의 현대적 재해석이다.
사람이 성공하여 용이 되는 책이다.
주역을 알면 세상을 손에 쥘 수 있다.

Chapter 03 주역64괘 하편(31~64괘)

이 책은 쉽다. 주역의 현대적 재해석이다.
사람이 성공하여 용이 되는 책이다.
주역을 알면 세상을 손에 쥘 수 있다.

Chapter 04 주역 해설

조선시대까지만 해도 주역周易은 학교에서 가르치던 교과목이었습니다. 현재는 교과서에 주역이란 과목도 없고, 학교에서 주역을 가르치지도 않습니다. 오늘날에는 학교에서 주역이 필요 없어졌습니다. 다른 과목들이 주역보다 훨씬 더 중요해진 탓입니다.

과학문명이 발달한 이 시대에는 주역의 필요성이 없어진 것일까요? 그렇습니다. 다른 학문에 밀려 주역의 필요성이 거의 없어졌습니다. 주역 대신에 영어나 수학, 과학을 비롯한 서양 학문이 더 중요해졌지요. 최근 100년 이상 주역은 교과목에서 벗어나 있었습니다. 주역을 배우느니 차라리 기술을 배우는 게 더 나았습니다.

소수의 사람들만이 주역을 공부하고 그 주역으로 점을 치거나 사주를 봐주면서 생계를 유지하고 있었습니다. 주역은 정규 학문에서 변방으로 밀려나고 말았습니다. 이것이 지금 주역의 모습입니다.

그렇지만 주역은 엄청난 지혜의 보물 창고라는 것을 아서야 합니다. 사람들이 알아보든 알아보지 못하든 주역은 이 세상 돌아가는 이치를 담고 있어서 주역을 잘 이해하면 엄청난 성공을 거머쥘 수 있습니다. 주역을 단지 고전으로만 보지 않고 오늘날의 현실에 맞게 재해석을 하면 그

파워를 실감할 수 있습니다.

주역은 하늘과 땅이라고 하는 자연현상을 배경으로 하면서 사회현상을 집중적으로 파고 들어가 '성공'에 이르는 전략을 제시하고 있으므로 성공하고자 하는 의지가 있는 사람이라면 반드시 공부해야 할 내용을 담고 있습니다.

필자의 경우는 자녀교육에 주역을 꽤 많이 활용합니다. 그 중 하나가 실패에 대한 두려움을 없애는 것입니다. 주역 하편을 보면 돈遯·손損·곤困·려旅와 같이 힘든 상황에 처하는 경우가 있지만, 그 이후 실패의 나락에서 벗어나는 전략들이 제시되어 있습니다. 항상 복구 전략들이 있기 때문에 실패를 해도 상관이 없습니다. 실패의 경험이 나중에 탄탄한 성공의 바탕이 되므로 할 수 있는 도전은 다해야 합니다. 아이가 그 도전에 실패하면 '실패의 경험이 하나 더 늘었다'라며 격려를 해줍니다.

주역의 둔괘屯卦에서 말하듯이 아이 교육의 목표 기간을 최소한 5~10년은 잡습니다. 5년간 한 해도 안 거르고 영재 선발에 도전하도록 해서 5년차에 두 아이를 영재교육원에 입학시킨 경험도 있습니다. 4년 동안 도전할 때마다 실패했지만, 그 실패 경험이 엄청난 노하우가 되어 5년차에 영재교육원에 합격한 이후 고2 과정까지 4년 연속 합격을 했습니다. 10

년 계획을 세웠더니 결국은 목표를 달성하게 합니다.

　다음은 첫째 아이의 고2 학교생활기록부의 행동특성 및 종합의견의
일부입니다.

> ... (중략) ... 수학·과학 등 여러 분야에 걸쳐 뛰어난 재능과 흥미
> 를 보이며 꾸준히 자신의 꿈을 위해 노력하는 장래가 촉망되는 학생
> 임. 철학, 정치, 역사, 경제와 같은 사회분야에도 관심을 가지고 학업
> 에 힘쓰는 모습을 보이고 있어 현재 사회가 요구하는 문·이과에 걸
> 쳐 균형 잡힌 재능을 가진 융합형 인재라고 판단됨. ... (후략)...

이 평가는 늘 주역의 뜻을 가르치고 실천하도록 한 결과입니다. 학교
생활기록부의 평가는 선생님의 몫입니다. 선생님과 의사소통을 원활하
게 하고, 수업시간에 집중하고, 리더로서 앞장서고, 봉사하는 자세를 갖
추며, 각 분야에 대한 균형잡힌 지식이 얼마나 중요한지를 주역의 괘를
예로 들어가며 가르칩니다. 그 결과 세상을 보는 지혜가 생겨납니다.

2016년 1월 29일에 고등학교 1학년인 둘째 아이의 한성 손재한 장
학회(http://www.sonjaehan.org/2013년 설립/장학기금 704억 원) 장학생 선발

이 책은 쉽다. 주역의 현대적 재해석이다.
사람이 성공하여 용이 되는 책이다.
주역을 알면 세상을 손에 쥘 수 있다.

면접시험이 있었습니다. 면접시험 전날 아이는 주역을 펼칩니다.

"아빠, 명이괘明夷卦를 다시 한 번 자세히 설명해주세요."

아들의 말에 필자는 명이괘를 자세히 풀어줍니다. 설명을 듣고 난 후 아이는 명이괘를 한 번 더 읽어봅니다. 그리고 힘보다는 지혜를 사용하라는 대장괘大壯卦를 또 읽습니다. 아이는 내일 있을 면접시험에 대한 전략을 짭니다. 그 결과 영재고·과학고·외국어고·자사고를 포함해 전국에서 180명 선발하는 장학생에 당당히 합격을 합니다.

11
프·로·로·그

바로 이것이 주역의 힘입니다. 주역은 기적을 일으킬 수도 있습니다. 왜죠? 주역의 목표가 용이 되는 거니까요(땅에서의 용(龍)은 왕(王)입니다).

이 책은 주역을 쉽게 다룹니다. 주역을 공부한다기보다는 가볍게 읽을 수 있도록 하고 있습니다. 그러나 주역은 결코 가벼운 내용이 아닙니다. 가볍게 읽더라도 그 뜻이 무척 깊게 느껴집니다.

주역은 실제 삶의 현장을 보여줍니다. 주역은 학교에서 공부하는 이론이 아니라, 바로 눈앞에 펼쳐진 현실에서 써먹을 수 있는 전략들을 제시합니다. 주역에는 현실과 동떨어진 내용이 거의 없습니다. 주역은 실용학문입니다. 사람들이 주역의 참뜻을 외면해서 주역은 고리타분한 고

전이라고만 생각하게 된 것입니다.

이 책이 나오기까지는 여러 차례 우여곡절이 있었습니다. 2012년에
처음 주역 원문을 직역했고, 그 다음에는 이를 의역했습니다. 세 번째로
는 의역을 이해하기 쉽게 풀이했습니다. 하지만 그 풀이마저도 어려웠습
니다. 무엇보다도 용어들이 모두 고대 한자어로 용어의 설명 자체가 곤
란한 경우가 많았습니다. 주역에 쓰인 비유들도 고대의 시대상황에 따른
것이어서 현대에 맞게 설명하기도 쉽지 않았습니다. 지금까지 나온 수많
은 주역 관련 책들 대부분 주역의 참뜻보다는 용어 풀이를 위주로 하고
있었기 때문에 누구의 도움도 없이 오로지 필자의 노력만으로 주역을 재
해석해야 하는 어려움이 있었습니다.

네 번째로 주역의 풀이를 기반으로 해서 이 시대를 사는 사람들이 쉽
게 읽을 수 있도록 하는 작업을 했습니다. 그 결과가 지금의 이 책입니
다. 네 번의 여과과정(filtering)을 거친 다음에야 비로소 이 책이 세상에 나
오게 되었습니다.

이 책이 세상에 나오도록 도움을 주신 분들께 감사의 말씀을 드립니
다. 두드림미디어 한성주 대표님이야말로 책의 가치를 알아주신 가장 고

마운 분입니다. 필자의 뜻을 이해해주고 지켜봐주신 미래가치투자연구소의 한정훈 소장님도 고마운 분입니다. 초고를 읽어주시고 검토해주신 정종기님, 박성순님께도 감사의 말씀을 드립니다. 사례를 검토하고 보완해주신 방병문님께 큰 감사를 드립니다.

필자가 진짜로 고마워해야 할 사람들이 더 있습니다. 필자의 가족들입니다. 수련으로 일상을 보내는 남편을 20년간 군말 없이 이해해준 아내, 10대의 중고생임에도 불구하고 아빠와 함께 주역 토론에 참여하기도 하고 의견도 제시해 준 필자의 자녀 소현, 천우, 선우는 너무나 감사해야 할 사람들입니다. 필자는 자녀가 아주 어릴 적에도 이렇게 물었습니다.

　　"사람의 가치를 재는 저울이 있어서 어린 너희와 어른의 가치를 잰
　　다고 해보자. 어느 쪽으로 저울이 기울까?"
　　"어느 쪽으로도 기울지 않아요."

아이들은 한 목소리로 대답을 합니다. 스스로의 가치를 알아서인지 필자에게는 세 아이 누구도 청소년기의 반항을 했던 기억이 없습니다. 이 또한 필자에게는 너무 고마운 일이었습니다.

주역을 완전히 내 것으로 만드는 데는 단전수련을 비롯해 성경, 불경(반야심경, 능엄경, 금강경, 대념처경, 육조단경 등), 도가道家에 관한 책(도덕경, 혜명경, 황제음부경 등), 유가儒家의 사서四書(논어, 맹자, 대학, 중용) 등이 도움이 되었습니다.

성경 출애굽기 33장 11절에 있는 '사람이 자기의 친구와 이야기함 같이 여호와께서는 모세와 대면해 말씀하시며…'에서처럼 사람과 하나님이 직접 대화를 한다는 내용이 주역의 이해에 큰 도움이 되었습니다.

《육조단경》에 자세히 설명되어 있는 대법對法의 개념 또한 주역의 이해에 많은 도움이 되었습니다. 불경에서 말하는 여러 개념들이 오늘날의 수학과 과학에 상당히 많이 구현되어 있다는 사실을 알게 되면서 주역을 보다 현실적으로 이해하는 데 도움이 되었습니다.

무엇보다도 필자가 대학에서 배웠던 통계학과 불확실성 하에서의 의사결정을 다루는 학문이나 게임이론 등이 주역을 이해하는 데 상당한 도움이 된 것으로 되었습니다.

마이클 텔보트가 쓴 《홀로그램 우주》라는 책도 주역의 이해에 도움을 준 책 중의 하나입니다. 세상에 존재하는 모든 것은 홀로그램과 같다는 내용의 '홀로그램 우주'에서는 만물이 0에서 나와 0으로 수렴한다는 것을 쉽게 이해하도록 해주었으며, 이 내용은 노자의 도덕경이나 불교의 공空과 접목돼 있습니다.

이 책은 쉽다. 주역의 현대적 재해석이다.
사람이 성공하여 용이 되는 책이다.
주역을 알면 세상을 손에 쥘 수 있다.

장휘용의《푸른 행성 지구의 진실》이란 책은 땅이 가진 성질인 '사랑'을 이해하는 데 도움을 주었으며, 지구의 존재 자체가 부정을 씻어내고 긍정을 수용하기 위해 설계되었다는 견해는 필자에게 공감을 주기도 했습니다.

스와미 사티야난다 사라스와티의《쿤달리니 탄트라》, 윤태현의《득도하는 수련법》, 유인학의《단전수련의 길잡이》, 이노우에 마사요시의《카오스와 복잡계의 과학》, 봉우사상연구소의《봉우선인의 정신세계》역시 필자의 주역 이해에 도움이 되었던 책들입니다. 그밖에도 필자가 주역을 이해하는 데 도움이 된 책들이 많이 있었습니다.

정좌한 상태에서 호흡이 1분 이상 길어지게 되면 그 호흡이 너무 느려서 사실상 호흡을 안 하는 것처럼 느껴집니다. 그 다음 호흡 자체를 지워버립니다. 그러면 시각·청각·후각·미각·촉각·생각이라고 하는 여섯 가지 느낌도 멈추게 되면서 선정禪定으로 들어갑니다(지관止觀에서 말하는 지止·사마타). 이때 초감각이 살아나면서 불립문자의 상태가 다가옵니다. 이쯤에서 주역의 원저자原著者인 주공周公과의 대화 채널이 연결됩니다(지관止觀에서 말하는 관觀·위빠사나). 필자가 이 책을 쓰는 과정 중 하나가 선정禪定에 들어가서 주공과 대화하는 것이었습니다. 그 대화를 나누고 나면 주역에 쓰인 글자들이 모두 살아납니다.

이 책을 통해서 많은 독자들이 성공 체험을 하기 바랍니다. 그 성공에는 깨달음도 있을 것이고, 사업에서 성공하거나 원하는 목표를 성취하는 것도 있을 것입니다. 세상에서 가장 무서운 것은 '의심'입니다. 세상을 의심하지 말고 항상 긍정적인 생각을 가지십시오. 이 책을 읽을 때도 늘 긍정하는 마음이어야 합니다. 긍정하는 마음으로 믿음이 굳건하다면 반드시 성공할 수 있습니다.

Chapter 01 주역의
탄생

$$\lim_{x \to \infty} Human(x) = Dragon$$

아빠가 먼저 읽고 자녀에게
추천하는 주역

이 책은 쉽다. 주역의 현대적 재해석이다.
사람이 성공하여 용이 되는 책이다.
주역을 알면 세상을 손에 쥘 수 있다.

왜 주역을 썼을까?

서점이나 도서관에 가 보면, 주역에 관한 책이 수십 종이 된다는 데 놀랍니다. 그 많은 주역 책 중 한 권이라도 제대로 읽어 보신 분이 있나요? 주역 책들을 보면 책마다 그 내용이 너무나 다르다는 데 또 한 번 놀랍니다.

주역에 관한 책을 보면 음양陰陽이 어쩌고, 팔괘八卦니, 오행五行이니, 64괘卦니 뭐니 하면서 무엇인가 잔뜩 설명을 해놓았는데, 그게 무슨 뜻인지 도무지 와 닿지 않습니다. 더구나 그것을 알아서 어디에 쓸 수 있을지를 생각해보면 읽기가 싫어집니다.

주역이 무엇인지 물어보면 점을 치거나 사주를 보는 사람들이 보는 책이라고 생각합니다. 사람들의 눈에 비친 주역은 신비한 힘이 있는 책이거나 읽어도 그 뜻을 알기 어려운 책입니다.

과연 주역은 그 뜻을 알기 어려운 책일까요? 그렇기도 하고 그렇지 않기도 합니다. 모호한 거죠. 왜 그렇죠? 처음부터 주역을 모호하게 썼기 때문입니다. 주역은 온통 비유比喩와 상징象徵으로 돼 있으니까요.

잘 생각해보세요. 주역을 왜 썼을까요? 주역을 쓴 목적이 있겠죠? 그 목적부터 밝혀야 주역을 알 수 있습니다. 하지만 주역을 쓴 목적에 대해서 누구도 속 시원히 애기하지 않았던 것 같습니다.

주역을 쓴 사람은 주나라 문왕文王과 문왕의 아들인 주공周公입니다. 주공周公이 주역을 완성한 분이죠. 그 주공은 공자께서 꿈에서라도 만나보고 싶어 한 사람으로 유명합니다. 주공이 어떤 사람이죠? 형 무왕武王을 도와서 주나라를 건국한 영웅입니다. 형 무왕이 즉위 3년 만에 죽자 조카인 성왕을 대신해서 7년간 왕이 아니면서 왕 노릇을 한 사람입니다. 그는 주나라의 봉건제도를 구축하는 등 주나라 문물과 제도를 완성한 사람입니다.

주공은 주역을 써서 돈을 벌 필요도 없었고, 주역을 써서 권력이나 명예를 얻을 필요도 없었습니다. 주공은 천하의 모든 것을 다 가진 사람이었습니다. 그런 그가 주역을 쓸 이유가 없습니다. 도대체 주공은 무슨 이유로 주역을 썼을까요?

주공이 주역을 쓴 이유는 분명히 있습니다. 그 이유는 돈도 아니고 권력이나 명예도 아닙니다. 주역을 써서 세상 사람들을 구하겠다는 것도 아닙니다. 주공이 세상 사람들을 구하고자 했다면 그는 널리 성인으로 추앙받았을 것입니다. 주공은 공자가 가장 흠모하는 인물로 알려져 있지만, 공자 대신 주공을 성인으로 말하지는 않습니다.

주공은 주나라를 제 손으로 세웠습니다. 그는 자신의 손으로 세운 주나라가 영원하기를 바랐습니다. 주공은 은나라의 멸망 과정을 너무나 생생히 경험했으므로 자신의 손으로 세운 주나라 역시 그렇게 망할 수 있다는 것을 충분히 알았습니다. 바로 여기에 주역을 쓴 이유가 있습니다.

주공이 주역을 쓴 이유는 의외로 간단합니다. 주나라 왕실이 영원하기를 바랐던 주공은 후대의 왕들이 주나라를 영원토록 유지시키기 위해서 반드시 알아야 할 내용들을 주역에 담았습니다. 왕으로서 나라를 유지시키기 위한 방법과 전략, 왕으로서 깨달아야 할 우주의 원리와 법칙 등을 주역에 담았던 것입니다. 왕의 자질을 높이기 위한 원리와 법칙, 이론과 전략을 담은 교과서가 주역입니다.

주역을 쓴 주공에게는 한 가지 고민이 생깁니다. 주나라 왕실을 영원토록 유지시키기 위해서 주역을 썼고, 그 주역은 왕이 될 사람과 왕에게만 전수해야 했는데, 주역이 왕실 밖으로 새어나갔을 때는 대책이 없는 것입니다.

주역의 내용이 왕실 밖으로 알려져서 누군가 주역을 터득한다면 그는 주 왕실에 가장 위협적인 존재입니다. 주공의 입장에서는 그것이 두려운 것입니다. 왕실을 보전하고자 쓴 주역이 되레 왕실을 무너뜨리는 도구가 될 수도 있었기 때문이지요.

하늘과 땅의 이치에 두루 통달한 주공이 왕실 밖으로 주역이 알려졌을 때를 대비 안 했을 리가 없죠. 맨 먼저 주공은 주역을 점치는 책으로 포장합니다. 그래야만 주역이 사람들에게 알려진다고 해도 사람들이 그 뜻을 밝혀내지 못하기 때문입니다. 그래도 주공은 안심이 되지 않습니다. 두 번째로 주역의 내용 곳곳을 비유와 상징으로 처리해서 주역이 왕의 학문임을 안다고 해도 그 뜻을 명확히 알지 못하도록 이중으로 잠금장치를 했습니다.

주공의 전략은 주효했습니다. 주역이 왕실 밖으로 흘러나가게 되었지만 어느 누구도 주역의 참뜻을 읽어내지 못했습니다. 3천 년이 지나도록 주공의 의도대로 사람들은 주로 점을 치는 데 주역을 사용했습니다. 주역을 푼다고 해도 대부분 음양陰陽과 오행五行으로만 풀었습니다. 이 쯤 되면 주공은 신神의 경지에 이른 사람이었다고 해야 합니다.

필자가 20~30대에 주역을 이해 못했던 것은 너무나 당연했습니다. 주공의 치밀한 계산 때문이었습니다. 사람들이 주역을 제대로 못 풀었던 것 또한 너무나 당연했습니다. 그 많은 사람들이 모두 주공의 치밀한 계산에 말려들었던 것입니다.

주역에 관한 10권의 책을 10개의 날개라는 뜻으로 십익十翼이라고 하는데, 이를 완성한 사람이 공자라고 알려져 있습니다(십익(十翼)은 ①단전(彖傳)상편 ②단전(彖傳)하편 ③상전(象傳)상편 ④상전(象傳)하편 ⑤계사전(繫辭傳)상편 ⑥계사전(繫辭傳)하편 ⑦문언전(文言傳) ⑧설괘전(說卦傳) ⑨서괘전(序卦傳) ⑩잡괘전(雜卦傳)). 그 십익을 읽어도 주역의 참뜻이 명확히 이해되지 않습니다. 이 대목에서 의문이 생깁니다. 공자께서 최고로 치는 주역을 공자 자신이 제대로 이해하지 못했던 것일까요?

십익을 읽어도 주역의 뜻을 이해하기 어려운 데는 두 가지 해석이 가능합니다. 첫 번째 해석은 공자 역시 주역의 참뜻을 명확히 몰랐다는 것입니다. 이 해석은 공자를 추앙하는 사람들로부터 거센 비난을 받을 수 있는 해석이죠.

두 번째 해석을 보겠습니다. 공자가 주역을 완벽히 이해했지만, 주역에 대한 명확한 해석을 남기지 않았다는 것입니다. 왜 그렇죠? 왕이 존재하는 시대에 왕이 되는 학문인 주역을 세상에 공개했을 때의 후유증을 누구도 감당할 수 없습니다. 왕이 있는데, 왕이 아닌 자가 왕이 되는 비법을 터득했다는 것만으로도 역모입니다. 왕이 되는 비법을 공개적으로 세상에 알려보세요. 그 후폭풍은 감당이 안 됩니다. 누구나 주역을 입수해 이를 읽고 왕이 되려고 덤비는 세상을 상상해보세요. 생각만 해도 끔찍하죠.

공자의 십익十翼에 대해 제기하는 의문은 앞의 두 해석 모두일 수도 있습니다. 공자 역시 주역을 맨 가죽 끈이 세 번이나 끊어지도록 주역을 읽었지만 그 뜻을 명확히 밝히지 못했으며, 더 나아가 공자가 터득한 내용의 일부라도 세상에 알려지면 그 후폭풍을 감당할 수 없었을 지도 모릅니다.

공자도 그 후폭풍이 염려되어 주역의 참뜻을 세상에 알리지 못했는데, 하필 왜 필자가 주역의 참뜻이라면서 이 책을 세상에 내놓을까요? 그게 궁금하죠?

지금은 주역의 참뜻을 세상에 알려도 되는 시대입니다. 왜죠? 지금은 누구나 왕이 될 수 있는 시대니까요. 지금은 결격 사유 없는 40세 이상 대한민국 국민이라면 누구나 대통령에 출마할 수 있는 피선거권이 주어진 시대입니다. 누구나 왕의 권위에 해당하는 대통령에 출마할 수 있습니다. 대통령이 아니라도 좋습니다. 오늘날 기업과 같은 조직에서 왕에 해당하는 직위에 도전이 허용되는 사회입니다.

지금은 주역의 참뜻을 알려도 사회 혼란을 초래할 일이 없습니다. 주역의 참뜻을 세상에 알렸을 때 사회 혼란이 초래되기 보다는 오히려 성숙한 사회를 만듭니다. 그만큼 오늘날의 사회는 수준이 높습니다. 민주주의가 발달한 사회이기 때문입니다.

이제 주역의 참뜻에 대한 필자의 생각을 이해할 수 있겠죠?

주역에는 스토리가 있다

주역은 상편(1~30괘)과 하편(31~64괘)으로 나뉘는데 그 구조를 간략히 살펴봅니다.

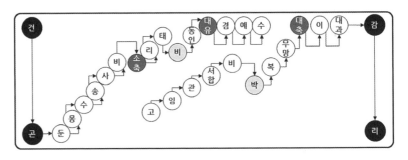

주역 상편(1~30괘)의 흐름도

주역 상편의 흐름도를 보면 건곤감리乾坤坎離가 맨 먼저 눈에 들어옵니다. 건곤이 맨 앞에, 그리고 감리가 맨 뒤에 놓입니다. 건곤과 감리로 둘러싸인 상태에서 둔屯~수隨까지, 고蠱~대과大過까지의 두 흐름이 눈에 보입니다.

둔屯~수需가 상편의 1차 과정이며, 조금 쌓인다는 소축小畜이 1차 과정의 단기 목표이고 크고 넉넉하다는 대유大有가 장기 목표입니다. 대유大有 다음의 겸謙·예豫·수隨는 대유를 유지하기 위한 전략적 행동입니다.

고蠱~대과大過가 상편의 2차 과정인데, 그 목표는 크게 쌓인다는 대축大畜입니다. 대축을 유지하기 위한 전략적 행동으로 이頤와 대과大過가 있습니다.

상편 1차 과정에서는 소인들이 득세한다는 비否, 2차 과정에서는 깎여 나간다는 박剝과 같이 일시적으로 추락하는 경우가 있습니다.

상편의 1차 과정은 용龍으로 태어나서 삶을 완성해가는 과정을 순서대로 제시하고 있습니다. 2차 과정은 사회에 첫 발을 내딛는 사람이 용龍이 되는 과정을 순서에 따라 설명하고 있습니다. 상편은 1차, 2차 모두 약간의 굴곡이 있긴 하지만 이상적인 삶의 형태를 보입니다.

상편 1차 과정은 용(왕자)으로 태어나서 성장을 해나가는 과정이므로, 그 과정이 아주 깔끔합니다. 이 과정은 내 삶을 내가 이끌고 가는 형태이며, 주변 환경이나 여건이 좋아서 여러모로 도움을 충분히 받는 상황입니다.

상편 2차 과정은 용으로 태어나지는 않았으나 용이 되는 과정을 그리고 있습니다. 주역을 완성한 주공이 자신의 삶을 투영한 것으로도 볼 수 있습니다. 주공은 왕의 아들이 아니었지만, 동시에 왕의 아들이기도 합니다. 은나라의 지방 국가인 주나라에서 왕의 아들로 태어났으니까요. 따라서 2차 과정 역시 깔끔합니다.

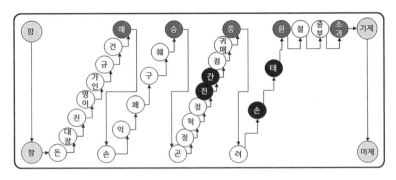

주역 하편(31~64괘) 흐름도

    상편과 달리 하편은 깔끔하지 않습니다. 상편은 하늘과 땅, 그리고 물과 불이라고 하는 건곤감리乾坤坎離가 잘 감싸고 있는 데 대하여 하편은 주요 골격인 진간손태震艮巽兌가 내부에 들어 있습니다. 하편은 8괘에 의해서 보호받지 못하고 있습니다(8괘는 건곤감리乾坤坎離와 진간손태震艮巽兌를 합친 것).

    하편은 '느낌'을 말하는 함咸과 '늘 같다'는 뜻의 항恒, 그리고 '이미 건넜다'는 기제旣濟와 아직 안 건넜다는 미제未濟가 둘러싸고 있습니다. 상편이 하늘과 하늘의 성질을 부여받은 땅, 물, 불로 보호되는 것과 달리, 하편은 인간 스스로가 인간을 보호하고 있습니다. 달리 말하자면 하편은 보호받지 못하고 있는 구조입니다.

    하편은 굴곡진 땅에서의 삶을 그대로 드러냅니다. 하편은 돈遯~해解, 손損~승升, 곤困~풍豐, 려旅~환渙, 절節~소과小過의 5개 과정으로 구분되는데, 이들은 대부분 험난한 삶의 실제 모습들입니다.

    하편은 깔끔하지 않고 거칩니다. 때론 숨어 살아야 하기도 하고, 다리를 절뚝거리기도 합니다. 손해도 봐야 하고, 만나기 싫은 억센 사람도 만나야 하는 게 현실입니다. 아무도 내 말을 들어주지 않는 기가 막힌 상황도 맞이하며, 시끄럽게 떠드는 주변에 귀를 틀어막기도 해야 합니다. 집도 절도 없이 떠도는 나그네 신세가 되었다가 극적으로 재기에 성공하는 일도 있습니다.

하편은 산전수전 다 겪는 실제 삶의 현장입니다. 그 결과는 빛나는 삶을 얻어 용(龍)이 되는 환(渙)과 그 이후 왕(용(龍))으로서의 자질인 절(節)·중부(中孚)·소과(小過)입니다.

왕으로서의 자질을 갖추면 주역을 터득했다고 하는 기제(旣濟)에 이릅니다. 그 다음에는 왕으로서의 새 삶의 출발을 맞이하는 미제(未濟)입니다.

상편은 이론적이며 깔끔하지만, 하편은 부침(浮沈)이 심한 현실 세계를 그대로 드러내고 있으므로 현실에서 써 먹을 수 있는 전략이 하편에 훨씬 많습니다. 그러므로 성공하고자 하는 사람은 하편을 더 깊이 읽어보는 것이 좋습니다.

Chapter **02**

주역 64괘
상편(1~30괘)

$$\lim_{x \to \infty} Human(x) = Dragon$$

아빠가 먼저 읽고 자녀에게
추천하는 주역

이 책은 쉽다. 주역의 현대적 재해석이다.
사람이 성공하여 용이 되는 책이다.
주역을 알면 세상을 손에 쥘 수 있다.

01

건乾 : 하늘은 완전하다

지금도 그러하지만 하늘에 대한 사람들의 생각은 언제나 그리움과 동경입니다. 하늘에는 신들이 살고 있다고 생각하고 있고, 죽어서는 하늘나라에 간다고 합니다.

땅에서 사는 사람들과 달리 하늘은 언제나 행복한 곳이죠. 이 땅에서 힘든 삶을 살다 간 사람에게 '하늘나라' 에서 편히 쉬라고 기도합니다.

하늘에는 언제나 희망과 꿈이 있고, 하늘은 편한 삶이 있는 곳입니다. 하늘은 흠을 잡을 데가 없죠. 그런 하늘에서는 사람들 간의 다툼이 없을 것입니다. 누가 누구를 괴롭히는 일도 없겠죠.

사람이 하늘에서 태어나고 그곳에서 살다가 죽는다면 어떤 일생을 보낼 것인지가 궁금하죠. 왜냐하면 사람이 하늘에서 태어나 본 적이 없으니까요. 하늘에 대한 무한한 상상 속에서 만일 내가 하늘에서 태어났다면 어떻게 살고 있을 지를 생각해봅니다.

사람이 하늘에서 태어났다면, 그 사람은 사람이라기보다는 용龍입니다. 하늘에 사는 생명체는 용이기 때문이지요. 한 번도 본 적이 없는 용이지만, 사람들은 하늘에 용이 살고 있다고 믿습니다.

용들이 사는 세계는 완전perfect합니다. 용들끼리는 서로 다투지도 않을 뿐더러 서로 지배하지도 않기 때문입니다. 하늘에 사는 용들은 언제나 평등하므로 완전한 민주주의가 적용되며, 하늘에서는 항상 좋은 일만 일어납니다. 그래서 용들 사이에서는 우두머리가 없습니다. 용들이 무리 지어 살고 있지만, 그 무리들은 다스릴 필요가 없죠. 하늘만 완전한 것이 아니라 용들도 완전하기 때문입니다.

용들 중에서는 물 아래 잠긴 용과 같이 어린 잠룡潛龍도 있고, 밭으로 들로 돌아다니는 청소년기의 현룡見龍도 있고, 하늘을 힘차게 나는 중·장년기의 비룡飛龍도 있습니다. 용도 나이를 먹는지 나이가 꽉 찬 항룡亢龍도 있습니다.

아이러니하게도 하늘에 사는 용들의 세계를 땅에 존재하는 대상들로 나타내고 있습니다. 물 아래 잠긴 용인 잠룡潛龍은 하늘이 아닌 땅 위에 흐르는 물의 아래에 잠겨있다고 합니다. 사람들이 하늘을 동경하고 하늘에 대한 상상을 한다고 해도 땅을 못 벗어나고 있습니다. 땅에 있는 것들을 가지고 하늘을 설명하고 있으니까요.

청년기의 용인 현룡見龍도 밭에 있다고 합니다. 하늘의 상징인 용이 밭에 있네요. 왜냐하면 밭은 생명의 터전이기 때문입니다. 밭에서 온갖 곡식이 나고 그 곡식으로 사람들이 생명을 유지합니다. 그 곡식이 돈이기도 하죠.

현룡은 대인大人, 멘토을 만나서 도움을 받으면 좋다고 합니다. 청소년기에는 스승이나 멘토가 필요하다는 점을 강조합니다. 청소년기에는 하루종일 부지런히 공부를 해야 합니다. 설령 저녁이 되어 아쉬움이 있더라도 부지런히 공부했다면 허물이 없다고 합니다.

충분히 공부를 한 용은 성장해 하늘을 나는 비룡이 됩니다. 비룡이 그 파워가 너무 강하면 잘못될 수도 있습니다. 비룡 역시 곁에 대인이 필요합니다. 비룡 자신은 문제가 없을지 모르지만, 그 비룡이 자리를 비웠을 때 큰 사건이 터질 수 있기 때문입니다.

사례 견제 세력이 사라진 비룡의 최후

고구려의 연개소문淵蓋蘇文?~665?은 당나라에서도 크게 두려워하는 대단한 존재였다. 그는 역사상 전무후무한 비룡飛龍이었다. 아무도 그를 제지하거나 말릴 수 없었다. 고구려에서 뿐만 아니라 당나라에서도 그를 상대할 자는 아무도 없었다. 하늘을 나는 용이 된 연개소문을 제지할 수 있는 자는 이 세상에 없었다.

연개소문은 천하를 장악한 영웅이었지만, 주역에서 말하고 있는 대인大人을 보지 못했다. 대인이 없었으므로 연개소문은 누구의 제지도 받지 않았으며, 하고자 하는 일을 막을 자도 없었다. 그 결과는 어찌 되었던가! 그가 죽고 없어지자 그가 없어진 자리의 공백이 너무나 커서 아무도 그 공백을 메울 수 없었다.

연개소문이 죽자 몇 년도 채 못 가서 초강대국이었던 고구려는 멸망하고 말았다. 고구려가 망한 해가 668년이고 그가 665년에 사망했다고 하니 연개소문의 사후 3년 만에 나라가 망해버렸던 것이다.

프랑스의 나폴레옹, 독일의 히틀러 또한 비룡飛龍이었지만 그 최후는 비참했다. 루마니아의 차우세스쿠, 이라크의 사담 후세인, 리비아의 카다피 등은 엄청난 권력을 쥐고 국가를 마음대로 통치했지만 독재 체제의 몰락 후에 차우세스쿠는 1989년 12월 25일에 사담 후세인은 2006년 12월 30일에 각각 처형당했고, 카다피는 2011년 10월 20일 시민군에 의해 살해당했다.

용도 나이가 듭니다. 그래서 목구멍까지 숨이 차오른 항룡亢龍이 되죠. 항룡에게는 후회할 일이 생기기 쉽습니다. 왜 그럴까요? 늙어서 부정不貞한 짓을 하기 때문입니다. '늙은이의 욕심'이라는 뜻을 가진 노욕老欲이란 말이 달리 생긴 것이 아닙니다. 노욕이 일생 동안 쌓은 부와 명예를 한꺼번에 날려버릴 수도 있습니다.

사례 노욕이 몰고 온 대형사고

늙은 용에게 후회가 있다는 항룡유회亢龍有悔의 한 예로 1995년 6월 29일 501명이 사망한 강남 삼풍백화점 붕괴사고를 들 수 있다. 당시 삼풍백화점은 73세의 회장이 이끌고 있었는데, 원래 대단지 상가로 설계됐다가 백화점으로 용도 변경을 했고, 이후에도 잦은 구조 변경으로 건물에 균열이 생기는 등 문제점이 있었으나 쉬쉬하고 영업을 하다가 결국 백화점이 20초 만에 무너져 내리는 대형 참사가 일어났다.

피해 보상금이 3,758억 원에 이를 정도였으니 그 피해가 얼마나 컸는지 짐작이 된다. 삼풍백화점 붕괴 사고로 회장은 7년 6개월 징역형을 선고받았다. 73세의 항룡元龍이었던 회장은 정貞을 지키지 못해 모든 것을 한순간에 잃어버렸다.

하늘은 완전하죠. 그곳에서는 누구나 용입니다. 하지만 하늘에 대한 사람들의 생각은 땅을 벗어나지 못합니다. 하늘에서 살아야 할 용들이 땅에서 사는 인간의 특징을 보입니다. 왜 그럴까요? 땅에는 용이 없지만, 용과 비슷한 사람들이 있습니다. 왕을 뜻합니다. 왕이 땅의 용입니다. 하늘의 용을 설명하기 위해서 땅에서 살아가는 사람 중 용과 가장 가까운 사람인 왕의 일생을 말하고 있는 것이 바로 주역의 첫 번째 건괘乾卦입니다. 따라서 주역은 '왕'에 대한 책입니다.

왕이 갖추어야 할 자질과 왕으로서 취해야 할 행동과 전략을 나타낸 것이 주역입니다. 왕이 되려는 사람은 반드시 주역을 알아야 하죠. 오늘날로 말하자면 용이 되려는 사람, 성공하려는 사람이 알아야 할 내용을 적은 것이 주역입니다.

건괘乾卦는 주역에 나오는 첫 번째 괘卦로 하늘을 나타내기도 하지만, 주역의 1~30번째까지로 된 상편의 주제이기도 합니다. 마찬가지로 두 번째의 곤괘坤卦가 31~64번째까지로 된 하편의 주제라는 것도 알아 두십시오.

1. 乾 元亨利貞
건 원형리정

①潛龍 勿用
잠룡 물용

②見龍在田 利見大人
현룡재전 리견대인

③君子 終日乾乾 夕惕若 厲 无咎
군자 종일건건 석척약 려 무구

④或躍在淵 无咎
혹약재연 무구

⑤飛龍在天 利見大人
비룡재천 리견대인

⑥亢龍 有悔
항룡 유회

用九 見群龍 无首 吉
용구 현군룡 무수 길

아빠가 먼저 읽고 자녀에게 추천하는 주역

02

곤坤 : 땅은 사랑이다

땅은 항상 사람들을 이롭게 합니다. 땅에서 모든 생명체가 태어나고 살아갑니다. 하늘이 아무리 완전해도 하늘에서 살 수 있는 생명은 하나도 없습니다.

건괘에서 하늘에 사는 용마저도 땅으로 내려왔던 것을 생각해보십시오. 하늘을 나는 새도 땅에서 태어났고 반드시 땅으로 내려와야만 하죠. 하늘에서는 태어날 수도 없고, 죽을 때까지 머무를 수도 없습니다.

모든 생명들이 땅에서 태어나고 땅 위에서 자라다가 땅 위에서 죽습니다. 이처럼 생명의 근원이 땅입니다.

땅은 모든 것을 받아들입니다. 사람들이 땅을 아무리 파헤쳐도 땅은 거부하지 않죠. 땅을 오염시키고 마구잡이로 다루어도 땅은 항상 가만히 있습니다. 땅은 저항하거나 배척하는 법이 없습니다. 땅은 언제나 사람에게 이로운 존재입니다. 그러므로 땅의 성질은 무한한 '사랑'입니다. 땅이 가지는 성질인 사랑이 사람을 사람답게 만들죠. 사랑이 없이는 살수가 없으니까요.

땅에는 하늘과 달리 시간이 존재하고, 굴곡이 있습니다. 낮과 밤이 교

차하는 곳이 땅입니다. 온갖 사건들이 일어나는 곳도 땅입니다. 땅은 이 모든 것들을 다 감싸안는 사랑이지만, 사건 사고가 빈발하는 곳 또한 땅입니다.

주역의 상편(1~30괘)이 하늘의 성질을 다루듯이 하편(31~64괘)은 땅의 성질을 풀어 놓고 있는데, 하편에서 사람이 겪는 우여곡절을 다루고 있습니다. 삶의 굴곡을 다루고 있는 땅을 잘 알아야 세상을 지혜롭게 살 수 있습니다. 이상적인 삶을 다루는 주역의 상편보다 삶의 굴곡을 다루는 하편이 훨씬 더 중요한 경우가 많습니다.

땅은 어둠과 추위의 상징이기도 합니다. 그래서 곤괘坤卦는 차가운 서리와 얼음으로 시작합니다. 서리를 밟았더니 단단한 얼음이라는 말로 시작하므로, 곤坤은 사람에게 혹독한 시련부터 안겨줍니다. 아이를 낳을 때의 고통과도 같은 것이죠. 추위는 서서히 오지 않습니다. 추워졌다 싶으면 곧 얼음이 업니다. 이것이 땅에서 일어나는 일입니다.

땅에서는 항상 주의하며 살아야 합니다. 방심하면 금새 적에게 공격을 받는 곳이 땅입니다. 땅 자체는 무한한 사랑이지만, 그 사랑이 적까지 막아주는 것은 아닙니다. 땅은 나뿐만 아니라 적까지도 감싸주는 성질을 가졌습니다.

입사 면접 결과 "당신의 능력은 우수하지만, 우리 회사와는 안 맞는 것 같습니다. 우리 회사보다 더 나은 회사를 찾아보십시오."라는 말을 들어본 적이 있으시죠? 이보다 더 황당한 말이 없습니다. 우수하다면서 탈락을 시킵니다. 한 발 더 나아가 더 좋은 회사에 지원하라고 합니다. 이처럼 어처구니없는 일이 벌어지는 곳이 땅입니다.

어처구니없는 일은 느닷없이 나타납니다. 경제도 마찬가지입니다. 경제가 조금만 나빠져도 사람들의 심리가 급속히 냉각되면서 순식간에 하락기로 접어듭니다. 상황이 악화되는 경우 손쓸 틈도 없이 나빠지는 상황이 도래하므로 미리미리 대비하지 않으면 방법이 없습니다. 이것이 바로 땅에서 일어나는 일들이죠.

상황이 악화되었을 때는 어떤 전략이 최선일까요? 잘 나가던 때의 습성이나 버릇을 버려야 합니다. 곤卦에서는 악화된 상황에서도 잘 나갈 때의 습성을 버리면 불리하지 않다고 합니다.

사례 프랑스 혁명과 마리 앙투아네트

잘 나가던 시절의 습성을 버리지 못한 예로 프랑스 대혁명 때의 루이 16세의 왕비 마리 앙투아네트를 들 수 있다. 시민들이 분노하면서 빵을 달라고 외치자 '빵이 없으면 케이크를 먹어라' 라는 말을 했다고 알려진 그녀는, 시민들이 궁전으로 쳐들어온다는 소식을 듣고는 궁전을 빠져나갈 준비를 했다.

그녀는 자신이 도망을 가는 데 필요한 수단을 준비하도록 지시했는데, 호화스런 마차, 시녀들, 화장실이 딸린 마차 등등 화려한 준비를 시켰다고 한다. 프랑스 왕비로서 충분히 할 수 있는 일이었지만, 화려한 시절이 이미 끝나고 목숨이 경각에 달려 있는데도 여전히 잘 나가던 때의 버릇을 버리지 못했다.

결국 마리 앙투아네트가 탄 호화로운 마차는 파리 시내를 채 빠져나가지도 못하고 시민군들에게 붙잡히게 되었다고 한다.

이미 쇠퇴기에 접어들어서 수직으로 몰락하는데 여전히 예전의 호화로움을 벗어나지 못했던 마리 앙투아네트는 파리 시민들에게 붙잡혔고, 1793년 단두대에서 처형되고 말았다.

땅에 어둠이 깔린 상황에서 어떤 전략을 취해야 할지 생각해봅니다.

첫 번째로는 일을 추진하면 안 됩니다. 보물이 들어 있는 자루가 있어도 그 보물을 자루에서 꺼내지 마십시오. 어두워서 그게 보물인지 아닌지 구분을 못합니다.

어둠에서는 도적을 만나면 왕도 도망가야 합니다. 왕이 입는 옷인 용포龍袍를 입고 있다고 해도 캄캄한 어둠속에서는 도적이 이를 알아보지 못합니다. 아무리 왕일지라도 멍청한 도적에게 칼 맞아 죽느니 도망치는 것이 좋습니다. 칠흑 같은 어둠에서는 내가 왕이라면서 도적을 호통쳐봐야 괜히 자기 목숨만 잃습니다.

두 번째로는 어둠에서는 무리하게 일을 추진하지 말고 밝은 때를 대비해 착실히 준비를 합니다. 어둠속에서 철저히 준비했다면 밝음이 왔을 때 큰 성과를 낼 수 있습니다.

1998년 한국에서 외환위기로 경제가 휘청거리고, 2008년 미국 금융 회사인 리먼 브러더스의 파산으로 세계 경제가 급속히 하강했지만, 현대자동차는 착실히 신제품 개발에 매진해 결국 세계 5대 자동차 메이커가 되었다. 현대자동차는 불황기에도 좌절하지 않고 새로운 생명 (신제품)의 탄생을 위한 지속적인 준비과정을 착실히 진행해 성공한 대표적인 사례다.

주역에서 가장 시적인 문장을 고르라면 당연히 '용전우야 기혈 현황龍戰于野 其血 玄黃' 입니다. '용들이 들판에서 싸우는데 그 피가 검고 누렇다' 는 뜻입니다. 이 문장에 대한 해석이 분분하지만, 그런 다양한 해석과 달리 이 말은 장엄한 시구詩句의 하나입니다.

동이 틀 무렵 들판에 나가봅니다. 검은 어둠의 용과 누런 밝음의 용이 뒤엉켜 싸우고 있는 장면을 목격할 수 있습니다.

도심에서만 사는 사람들은 이 말이 잘 와 닿지 않지만, 너른 들판을 보면서 자란 사람들은 동틀 무렵의 장면을 쉽게 떠올릴 수 있습니다.

어둠과 밝음의 싸움이 치열하게 전개되면서 용들이 흘린 피가 대지와 하늘에 질펀합니다. 온 세상이 용들의 피로 물들어 있습니다. 세상의 장엄한 탄생 과정을 표현하고 있는 것이 바로 '용전우야 기혈 현황龍戰于野 其血 玄黃'이죠.

주역에서 이 문장만큼 멋진 문장도 없습니다. 주역을 완성한 주공周公이 이 대목에서 잠시 시인이 된 것입니다. 이 문장에서 세상의 모든 시름을 잊고 명상에 잠겨봅니다.

험한 세상에서도 주공周公은 한편으로는 시詩에 잠겨보는 여유가 있었습니다. 어둠의 용이 꼬리를 내리며 물러갑니다. 밝음의 용이 하늘 높이 날아오르며 새로운 아침을 열어젖힙니다.

아빠가 먼저 읽고 자녀에게 추천하는 주역

```
2. 坤  元亨利  牝馬之貞  君子  有攸往  先迷後得  主利
   곤   원형리   빈마지정    군자   유유왕    선미후득     주리
   西南得朋  東北喪朋  安貞吉
   서남득붕   동북상붕   안정길

(1초)履霜  堅氷至
     리상   견빙지
(2초)直方大  不習  无不利
     직방대   불습   무불리
(3초)含章可貞  或從王事  无成有終
     함장가정    혹종왕사    무성유종
(4초)括囊  无咎  无譽
     괄낭   무구   무예
(5초)黃裳  元吉
     황상   원길
(6초)龍戰于野  其血 玄黃
     용전우야   기혈 현황
   用六  利永貞
   용육   리영정
```

03

둔屯 : 아이는 이렇게 키워라

땅에서 새 생명이 탄생한 이후 둔屯이 등장하면서 이상적인 삶의 과정이 시작됩니다.

둔屯은 어린 아이에 해당합니다. 환경이 좋지 않으면 새싹이 스스로 성장하기 힘듭니다. 새싹이 잘 자랄 수 있도록 환경이 좋아야 합니다. 그 환경을 잘 조성해줘야 새싹이 잘 자라서 훌륭한 재목이 될 수 있습니다.

만일 충분히 자라지 못한 어린 아이가 어떤 임무를 맡았다고 하면 대리인이 나서서 이를 보조해줘야 합니다. 세상 물정을 잘 모르는 어린 아이가 왕이 되었을 때를 생각해보십시오.

주나라를 세운 무왕은 3년 만에 병으로 세상을 떠나고 만다. 이 때 무왕의 아들은 14세의 어린 나이였다.

무왕의 동생이자 주역을 쓴 주공이 조카를 대신해 정치를 했는데, 주공은 왕이 앉는 자리에 앉아서 정사政事를 처리했다고 한다. 아직 어린 조카가 왕 노릇을 제대로 할 수 없었기 때문에 주공은 어린 왕을 지키기 위해서 대신 나서서 정치를 했다.

조선의 고종(1852년~1919년)은 12살의 나이에 왕위에 올랐다. 고종의 나이가 어려서 고종의 아버지인 흥선대원군이 대신 정치를 했다.

지켜줄 대리인이 없었던 조선시대 단종의 경우 12세의 어린 나이에 왕이 되었다가 삼촌인 수양대군에게 죽임을 당했다.

어린 아이는 집안에서 보살핌을 받아야 합니다. 어린 아이가 보살핌을 받지 못하고 세상에 내던져지게 되면 혹독한 시련에 좌절하거나 사회에서 버림을 받거나 사회에 악의를 품고 반사회적인 행동을 할 수 있습니다. 그렇게 되면 개인적으로도 불행하지만 이 사회 전체적으로도 손해입니다. 이런 점은 예전이나 지금이나 별반 다른 얘기가 아닙니다.

어린 아이의 성장과정에서 명심해야 할 것이 또 있습니다. 서두르지 않는 것입니다. 아이의 성장은 최소한 10년은 두고 봐야 합니다. 10년은 두고 봐야 결과가 나오는 것이지 당장에 어떤 결과를 기대하는 것은 잘

못입니다.

사람들은 10년을 못 기다립니다. 당장 시험 성적을 잘 받아야 하고, 대회에서 우승해야 하며, 쑥쑥 성장하기를 기대합니다. 너무 조급하게 아이를 대합니다. 그 조급함이 아이를 망치게 되는 줄도 모르고 끊임없이 아이를 재촉합니다. 자신의 아이가 당장 경쟁의 승리자가 되기를 바랍니다.

경쟁에서의 승리는 10년도 더 지난 이후에 나타납니다. 당장의 결과를 두고서 승리라고 할 수 없습니다. 주역에서도 아이의 성장에 10년은 기다리라고 강조하고 있습니다.

오늘날 부모의 조급증 때문에 조기교육이나 선행학습이 상당히 이루어지고 있습니다. 초등학생이 고등학교 과정을 미리 공부한다고도 합니다. 초등학생이 고등학교 과정 공부한다고 해서 과연 그 과정을 얼마나 이해할 수 있을까요? 그리고 그 학생이 고등학생이 되었을 때 박사과정 공부를 해야 할까요?

오늘날 10년은커녕 1년도 기다리지 못하는 어른들의 조급증이 아이들을 망치는 것은 아닌지 가슴 깊이 고민해봐야 합니다. 그렇게 조기교육에 열을 올리고 있지만, 정작 대한민국 사람 중에 연구 분야 노벨상 수상자가 과연 한 명이라도 있나요?

대한민국 고등학생이 수학 올림피아드에서 금상을 받기도 하지만 대한민국에서 수학의 노벨상인 필즈상 수상자는 한 명도 없습니다.

중학생 이하 수학 시험에서 대한민국이 세계 1위라고 하지만, 일본에 노벨상 수상자가 20여 명이나 되는 것과 너무나 대조적이죠. 성급한 조기 교육이 어릴 때부터 아이를 혹사시켜서 장기적으로 성장할 수 있는 기반을 훼손해버리고 있는 것은 아닌지, 심각하게 생각해야 합니다.

둔둔에서는 사슴을 쫓아 숲 속으로 너무 깊이 들어가지 말라고 합니다. 초창기에는 무슨 일이든지 미숙합니다. 어린 시절뿐만 아니라, 사업 초창기도 미숙하기는 마찬가지입니다.

어린 아이가 세상일에 미숙한 것과 같이, 처음 사업을 하는 경우 그 사업에 대한 정보와 지식을 어느 정도 습득하고 있다고 해도 경험이 부족하고 충분한 정보가 축적되지 않은 상태입니다. 이런 경우 잘 모르는 곳에는 함부로 들어가지 않아야 합니다.

사슴을 쫓다가 사슴이 숲 속 깊이 도망가면 더 이상 쫓지 말고 즉시 되돌아오는 것이 좋습니다. 숲 속 깊이 들어갔다가 사슴을 잡기는커녕 숲 속에서 길을 잃고 헤매고 맙니다.

사슴을 쫓아 숲 속으로 깊이 들어가는 것은 욕심 때문입니다. 그 욕심이 모든 일을 다 망쳐버립니다. 처음에는 크게 일을 벌이기보다는 조금씩 일을 진행하는 것이 좋습니다.

아이를 기르는 것이나 사업을 시작하는 경우에서나 가끔 괴로운 일이 생깁니다. 이를 가리켜서 피를 흘리며 울 일이 있다고 합니다. 아이를 키우다 보면 아이가 다치거나 병이 나서 병원 응급실에 가야 할 때도 있고, 아이가 부모의 말을 듣지 않고 일탈행위를 하기도 합니다. 이럴 때는 정말 피를 토하면서 울고 싶은 심정이죠.

사업의 경우도 마찬가지입니다. 사업이 충분히 정착되지 않은 초창기에 매출액이 뚝 떨어지거나 말도 안되는 소송에 휘말릴 수도 있습니다. 이럴 때는 정말 울고 싶어집니다.

나에게 괴로운 상황이 닥치지 않기를 바라지만, 이런 상황은 피하고 싶다고 피해지는 것이 아닙니다. 어떤 난관이 오더라도 어차피 겪어야 할 일이라고 생각하고 마음 단단히 먹고 돌파하는 뚝심이 있어야 하겠죠?

둔屯은 향후 발전 가능성이 무궁무진한 아이입니다. 이를 가리켜 둔屯에서는 너럭바위처럼 군세다고 말합니다. 군센 바위 위에는 그 어떤 집도 지을 수 있습니다. 그 집은 튼튼합니다. 아이를 잘 키워서 사회의 대들보가 되도록 하는 일이 하늘과 땅 다음으로 등장한다는 것은 주목하십시오.

3. 屯 元亨利貞 勿用 有攸往 利建侯
둔 원형리정 물용 유유왕 리건후

①磐桓 利居貞 利建侯
반환 리거정 리건후

②屯如邅如 乘馬班如 匪寇 婚媾 女子貞 不字 十年乃字
둔여전여 승마반여 비구 혼구 여자정 부자 십년내자

③卽鹿无虞 惟入于林中 君子 幾 不如舍 往吝
즉록무우 유입우림중 군자 기 불여사 왕린

④乘馬班如 求婚媾 往吉 无不利
승마반여 구혼구 왕길 무불리

⑤屯其膏 小貞 吉 大貞 凶
둔기고 소정 길 대정 흉

⑥乘馬班如 泣血漣如
승마반여 읍혈연여

04

몽蒙 : 참교육은 이런 것이다

아빠가 먼저 읽고 자녀에게 추천하는 주역

시대를 불문하고 교육은 항상 중시했습니다. 2015년 정부예산 375조 4,000억 원 중에서 교육예산이 52조 9,187억 원입니다. 총예산에서 차지하는 교육 예산이 14.1%입니다. 한국 정부에서 교육에 쓰는 돈이 연간 52조 원이 넘는다는 사실은 한국 정부가 교육을 얼마나 중시하고 있는지를 증명해줍니다.

정부가 교육에 이처럼 큰돈을 쓰고 있는데도 사람들은 공교육에 만족하지 못하고 사교육 시장을 찾아갑니다. 정부가 공교육에 예산을 52조원 이상 쓴다는 사실을 알면 깜짝 놀랄 사람들 많습니다. 그 정도로 많은 돈을 쓰고 있을 줄은 꿈에도 모르고 사는 사람들이 대부분입니다.

대한민국 성장의 밑바탕에 교육이 있다는 것을 부정할 사람은 없습니다. 그 많은 돈을 교육을 위해 썼기 때문에 오늘날의 대한민국이 있는 것입니다.

고대에도 교육은 가장 중요한 일이었습니다. 교육을 제대로 받아야 사람이 사람으로서의 자질을 갖출 수 있기 때문입니다. 교육이 없다면 사람도 짐승처럼 살게 됩니다. 공부는 사람을 사람답게 살 수 있도록 하는 핵심입니다.

주역에서 말하고 있는 몽蒙은 교육을 뜻하죠. 몽蒙은 어두움, 또는 '어리석다'는 말입니다. 그 어둠을 걷어내는 일이 교육입니다.

주역에서는 교육을 어떻게 나타냈을까요? 몽蒙에서는 내가 아이의 어리석음을 구해주는 것이 아니라 아이의 어리석음이 나를 구한다고 합니다. 비아구동몽 동몽구아匪我求童蒙 童蒙求我 이 말은 아주 주의해서 봐야 합니다. 주의하지 않으면 헷갈리기 쉽습니다.

흔히 사람들은 내가 아이를 가르치는 것이 교육이라고 생각합니다. 그래서 아이에게 이것저것 주문을 많이 하죠. 책을 읽어라, 수학 문제도 풀어라, 과학 실험도 해라, 피아노를 쳐라, 태권도도 배워라 등 주문을 마구 쏟아냅니다.

사람들은 아이에게 많은 것을 하도록 하는 것이 교육이라고 알고 있습니다. 하지만 주역에서는 그것은 교육이 아니라고 말합니다. 아이의 어리석음을 구해주는 것이 아니라고 합니다.

어른들은 아이의 어리석음을 구해줄 수 없습니다. 왜일까요? 어른들 자신도 교육을 받아야 할 대상이기 때문입니다. 몽蒙에서는 자기의 어리석음도 못 보면서 아이의 어리석음을 구해주겠다고 덤비는 어른들의 바보짓을 지적합니다. 오히려 아이의 어리석음을 보면서 자신의 어리석음을 정확히 볼 수 있을 때 비로소 교육은 시작됩니다.

주역의 다른 것은 몰라도 '아이의 어리석음을 보고 나의 어리석음을 구하라'는 이 말 한 마디만 알면 성공한 것으로 볼 수 있습니다.

공부란 자녀들만 하는 것이 아닙니다. 자기 자신은 엉터리면서 자녀에게만 공부를 강요하는 부모가 얼마나 많은지, 셀 수도 없습니다. 그러면서 '너 잘 되라고 한다'는 말로 자신을 변명합니다. 자녀에게 잘 되라고 말한다고 자녀가 잘 될까요? 자신의 행동과 태도는 엉터리면서 자녀만 똑바로 자라라고 한다고 자녀가 똑바로 자랄까요?

아이의 어리석음을 보고 나의 어리석음을 알아챌 때 비로소 교육이 시작됩니다. 부모와 자녀는 함께 토론하면서 자녀의 앞길을 설계할 수 있습니다. 부모가 자녀를 이해하는데, 부모를 이해하지 못하는 경우는 없습니다. 왜냐고요? 자녀는 그 영혼이 순수하기 때문입니다. 어른들이 망쳐 놓지만 않으면 영혼이 순수하지 않은 10대는 없습니다.

지금으로부터 3천 년 전에 벌써 주역은 가르치는 것 이전에 나의 어리석음을 아는 것에서부터 교육이 시작된다고 했습니다. 주역은 교육의 본질을 정확히 꿰뚫고 있었던 것입니다.

몽蒙에서 점占에 관한 얘기가 나오므로 한 번 살펴보겠습니다. 처음 치는 점은 알려주지만, 두 번 세 번 하면 더러워지고, 더러워지면 알려주지 않는다는 말이 나옵니다.

점占이란 불충분한 정보로 인해 의사결정을 할 수 없을 때 그 의사결정을 하늘에 맡기는 방법을 말합니다. 따라서 점을 칠 때 막대기인 서죽筮竹을 사용하든, 동전 던지기를 하든지 상관이 없죠.

점은 그 어떤 의사결정도 할 수 없을 때 사용하는 무작위random 의사결정 방식입니다. 그러므로 점은 그 결과가 어떤 식으로 나오든지 무조건 따르는 것이 원칙입니다. 이를 달리 말하자면 점을 치거나 점을 친 결과를 실행할 때는 절대로 사람의 의견이 들어가서는 안 된다는 뜻입니다.

사람이 판단을 하지 않으려고 점占을 치는 것인데, 사람이 점의 과정이나 결과에 개입하면 그 점占은 효과가 없습니다.

점은 단 한 번만 쳐야 합니다. 두 번 이상 점을 치게 되면 둘 이상에서 하나를 선택하는 문제가 생깁니다. 두 번 이상 점을 쳐서 그 중 하나를 선택하게 되면 점의 효과는 완전히 사라져 버립니다. 이 말은 두 번 세 번 점을 치면 더러워진다는 의미입니다.

고대에는 학문이나 정보 통신의 발달 정도가 너무 미흡해서 점으로 의사결정을 하지 않으면 안 되는 상황이 많았습니다. 그래서 늘 점을 쳐야 했는데, 그 점을 효과적으로 활용하기 위해서는 점을 두 번 이상 쳐서는 안 된다는 것을 몽괘蒙卦에서 강조합니다.

점이 효과를 보기 위해서는 100% 객관성이 담보되어야 하는 것은 고대나 오늘날이나 마찬가지입니다.

점의 장점과 유사한 장점을 지니는 것이 또 있죠. 판단이나 의사결정을 완전하게 외부에 위임해버립니다. 점이 판단을 하늘에 위임한 것처럼 그 판단을 내부자가 아닌 외부에 100% 위임하면, 판단에 따른 혼란이나 결과에 대한 책임을 따질 일이 없어집니다.

사례 의사결정의 외부 위임

A기업은 식료품 제조회사다. 이 회사는 최근 들어서 매출이 줄어들고 있어서 경영상 어려움이 많았다. 조사를 해보니, 모든 제품에서 매출이 줄고 있는 것이 아니라 특정 공장에서 생산하는 제품의 매출이 급격히 줄고 있었다.

A기업은 매출이 급감한 공장을 매각하거나 청산하고자 한다. 이 사실을 알게 된 노조에서 거칠게 항의를 했다. 그 공장을 청산하면 공장에서 일하던 종업원들이 모두 회사를 떠나야 했기 때문이다. 노조는 매출이 다시 회복될 수도 있다고 주장했다. 그러나 회사에서 볼 때 매출이 회복될 가망이 없었다. 회사와 노조 간의 매출이 회복될 것인지 아닌지에 대해 논쟁이 붙었다.

고대古代 같으면 매출이 회복될 것인지, 아닌지를 점괘를 뽑아서 하늘에 물어봤을 것이다. 회사와 노조는 매출 회복에 대한 견해가 워낙 달라서 합의를 볼 수 없었다.

회사와 노조는 매출 회복 여부를 외부 컨설팅 업체에게 맡기기로 합의를 했다. 매출 회복에 대한 의사결정을 철저히 외부에 위임해버렸다.

외부 컨설팅을 받은 결과 매출 회복 가망이 없다는 결론이 났고, 회사는 그 공장을 청산했다. 이 과정에서 회사는 노조와의 갈등을 피할 수 있었고, 노조는 종업원들로부터 공장 청산을 방치한 책임 추궁을 당하지 않아도 됐다.

식료품 회사인 A기업은 내부적으로 분열이나 갈등이 발생하는 경우에 외부에 그 결정을 완전히 위임함으로써 더 이상의 문제나 갈등 없이 일을 처리할 수 있었습니다.

A기업의 사례에서 A기업과 노조가 각각 다른 컨설팅 업체에 분석을 의뢰하고 컨설팅 업체마다 다른 결론이 났다고 한다면, 문제가 해결되기

는커녕 분열과 갈등이 오히려 증폭될 소지가 있습니다. 이를 점으로 말하자면 두 번 점을 친 것과 같습니다. 두 번 점을 친 것처럼 컨설팅 결과가 둘 이상이면 컨설팅을 의뢰하지 않은 것보다 훨씬 나쁜 결과를 초래할 수도 있습니다. 주공周公은 3천 년 전에 이러한 관리이론을 이미 터득하고 있었던 거죠. 이제 점의 의미와 효과를 이해하셨나요?

4. 蒙 亨 匪我求童蒙 童蒙求我 初筮告 再三瀆 瀆則不
　 몽 형 비아구동몽 동몽구아 초 서 고 재삼독 독 즉불
　 告 利貞
　 고 리정

①發蒙 利用刑人 用設桎梏 以往吝
　발몽 리용형인 용설질곡 이왕린

②包蒙 吉 納婦 吉 子克家
　포몽 길 납부 길 자극가

③勿用取女 見金夫 不有躬 无攸利
　물용취녀 견금부 불유궁 무유리

④困蒙 吝
　곤몽 린

⑤童蒙 吉
　동몽 길

⑥擊蒙 不利爲寇 利御寇
　격몽 불리위구 리어구

05
수需 : 느긋하고 여유롭게
기다린다

주역에서 기다림을 뜻하는 수需만큼 여유로운 내용도 없습니다. 수需는 단순한 기다림 그 이상이 아닙니다. 왜 단순할까요? 몽蒙에서 말한 바와 같이 충분한 교육을 받아서 세상을 이해한 다음에는 여유가 생깁니다. 세상 이치를 알아버렸는데, 여유가 없을 리가 없죠.

아빠가 먼저 읽고 자녀에게 추천하는 주역

사례 **기다리는 여유**

부지런히 공부하고 난 뒤 고시考試를 치렀다. 3개월 후에 합격 발표가 있을 예정이다. 최선을 다했기 때문에 결과는 하늘의 뜻에 맡겨야 한다. 몇 년간 고생하며 공부했으므로 이제는 마음 편하게 휴식을 취하고 결과를 기다린다.

기업의 경우 몇 년간 개발한 첨단 제품을 시장에 내놓고 그 결과를 기다린다. 테스트 마케팅(test marketing)을 하는 중이다.

그간 최선을 다했기에 그 어떤 결과가 나오더라도 덤덤하게 받아들일 수 있다.

몇 달간 치열하게 선거운동을 했다. 모든 에너지와 자원을 쏟아 부었다. 공식적인 선거운동기간이 끝나고 이제 투표일이다. 덤덤한 마음으로 그 결과를 기다린다. 조급해 할 필요도 없다. 어차피 주사위는 던져진 것이다.

이미 던져진 주사위 때문에 괴로워 할 필요는 없다. 결과는 하늘이 정하는 것이니 이를 겸손하게 받아들이고 기다리면 된다.

기다림을 뜻하는 수需는 교외郊外 · 모래 · 진흙 · 피 · 술과 음식으로 진행됩니다. 황당하죠? 기다림과 이들이 무슨 상관이 있냐고요?

최선을 다하고 여유롭게 기다리는 일은 한가로이 교외를 거니는 것과 같습니다. 교외는 특별한 제한 없이 누구나 걸을 수 있는 곳입니다.

모래는요? 모래는 수없이 많아서 셀 수 없죠. 나는 그 모래 중의 한 알입니다. 굳이 나서지 말고 가만히 있으라는 얘깁니다. 여유롭게 기다리면 그것으로 족합니다.

진흙? 기다리다보면 더러운 일도 만날 수 있죠. 흙이 몸에 묻는 일이 있을 수 있지만, 그냥 두십시오. 별 일 아닙니다.

기다린다고 해서 마냥 방구석에 처박혀 있을 필요는 없습니다. 기다리는 동안 피가 순환하듯이 돌아다니면서 사람들과 교류하는 것이 좋습니다. 여유롭게 기다리면서 사람들과 만나서 술도 한 잔 하고 밥도 같이 먹으면서 친분을 쌓으십시오. 수需는 여유로운 기다림 그 이상도 그 이하도 아닙니다.

수需의 마지막에는 밖에서 돌아다니다가 집으로 돌아와보니 뜻하지 않은 손님 세 명이 와 있다는 말이 나옵니다. 손님은 누구일까요? 당연히 합격증서나 임명장을 가지고 온 사람입니다. 손님들이 찾아와서 기쁜 소식을 전해주고 갑니다. 드디어 세상에 나올 때가 되었습니다.

5. 需 有孚光亨 貞吉 利涉大川
수 유부광형 정길 리섭대천

①需于郊 利用恒 无咎
수우교 리용항 무구

②需于沙 小有言 終吉
수우사 소유언 종길

③需于泥 致寇至
수우니 치구지

④需于血 出自穴
수우혈 출자혈

⑤需于酒食 貞吉
수우주식 정길

⑥入于穴 有不速之客三人 來敬之 終吉
입우혈 유불속지객삼인 내경지 종길

06

송訟 : 사람들은 누구나 다투고 산다

사람이 다투지 않고 살 수는 없는 것 같습니다. 화목하게 살면 참 좋겠지만, 사람마다 욕심이 있기에 잇속을 챙기기 위해서는 어쩔 수 없이 다투게 됩니다.

관직이나 사회에 처음 나갈 때의 기쁨은 이루 말할 수 없습니다. 그 첫발을 내딛는 때의 설렘과 흥분은 쉽게 잊히지 않고 오래 기억에 남기도 합니다.

대학을 졸업하고 첫 직장에 출근할 때, 프로에 입문하던 날, 연기자로 데뷔하는 날, 판사에 임용되어 출근하던 첫날, 고시에 합격해 첫 번째로 발령을 받은 부서에 출근할 때, 의사 면허를 따고 병원에 출근하던 첫날의 그 기억들이 있죠.

사회에 첫발을 내딛는 그 날의 설렘과 기쁨은 그리 오래 가지 못합니다. 사회에 나가 보니 모두가 다 경쟁자들입니다. 이들과의 치열한 경쟁이 비로소 시작됩니다. 동료와의 경쟁, 선배와의 경쟁을 피해갈 수 없습니다.

결혼의 경우도 마찬가지입니다. 행복한 생활을 꿈꾸며 결혼하지만 결혼을 하는 순간부터 서로의 입장과 성격 차이, 주변 친지들과의 관계, 시부모나 처가와의 관계 등 얽혀 있는 일이 한둘이 아니어서 다툴 일이 자주 생깁니다. 자주 다투다 보니 '성격 차이'를 이유로 별거나 이혼을 하기도 하죠. 이 세상에 성격 차이가 안 나는 부부는 없으며 심지어 쌍둥이 형제도 성격이 다릅니다만, 성격의 차이로 인해서 부부가 갈라서는 일들이 참 많습니다. 이러한 다툼에 대처하는 방법은 여러 가지가 있습니다.

첫째, 상대방을 제압한다.

둘째, 끝까지 싸워서 서로 상처를 입는다.

셋째, 양보한다.

넷째, 회피한다.

다섯째, 굴복한다.

여섯째, 합리적으로 조정하거나 합의한다.

일곱째, 제3자에게 해결을 의뢰한다.

다툼은 반드시 해결되어야 하죠. 해결 없이 끝까지 갈 수는 없습니다. 간혹 다툼이 해결되지 않은 채로 몇십 년 진행되다가 끝내 황혼이혼으로 그 해결을 보는 부부도 있습니다. 다툼의 해결이 원만하면 좋지만 어느 한쪽이 심각한 피해를 입고 끝나는 경우도 많습니다.

다투다가 세가 불리하면 어떻게 해야 하나요? 송(訟)에서는 무조건 도망가라고 합니다. 주역이 대단한 것 같아도 안 될 때는 도망가라는 말도 서슴지 않습니다. 그래서 주역이 더욱 빛나지 않을까요?

1934년 10월 중국 남부 강서성과 복건성에 주둔하고 있던 10만 명의 마오쩌둥 군사들이 대장정을 떠난다. 그들이 도망을 친 것이다.

당시 장제스의 국민당이 엄청난 규모로 공산당을 공격하고 있었다. 장제스는 마오쩌둥의 공산당을 몰아내기 위해 90만 대군과 400대의 전투기를 동원했다고도 한다.

마오쩌둥의 공산당에게는 도저히 가망이 없는 싸움이었기에 총퇴각을 했는데, 그 거리가 무려 9,600km였으며, 도망치는 데 368일이나 걸렸다고 한다.

1935년 10월 연안延安에 도착할 때까지 대장정 초기 10만이었던 군대가 최종적으로는 7,000명에 불과할 정도로 거의 괴멸 상태에 이르렀다.

불행 중 다행인 것은 간부급 대원들은 모두 살아서 끝까지 버텼다고 한다. 이때의 경험이 나중에 중국 공산당이 재기할 수 있는 바탕이 되었다는 분석이 있다.

불리해서 도망을 쳐야 할 때 어디로 도망가면 좋을까요? 송松에서는 여기에 대한 답도 제시합니다. 3백 호가 넘는 마을로 도망가라고 합니다. 고대에 3백 호가 넘는 마을은 엄청나게 큰 곳입니다. 그곳으로 도망을 치면 쉽게 잡히지 않습니다. 더구나 그곳에는 예전에 덕을 베풀었던 사람이 있어서 나에게 먹을 것을 제공해줍니다.

고대에는 다툼에서 패하면 목숨을 부지하기 어렵습니다. 더구나 다툼의 상대가 왕이라면 더욱 그러합니다. 그러므로 나를 숨겨주고 돌봐줄 사람을 사전에 구해놓는 것이 필요하죠. 그 사람이 살고 있는 3백 호가 넘는 마을로 도망가서 쥐 죽은 듯이 지냅니다. 그래야 훗날을 도모할 수 있으니까요.

다툼은 말에서 시작되기 쉽기 때문에 늘 말을 조심해야 합니다. 이 세상 모든 일은 영원하지 않습니다. 지금은 다툼에서 불리해 도망을 치지만, 언젠가는 다시 일어설 수 있습니다. 불리한 상황에서는 말을 아끼면서 기다리는 것이 지혜롭습니다.

6. 訟 有孚窒惕 中吉終凶 利見大人 不利涉大川
　　송　유부질척　중길종흉　리견대인　불리섭대천

①효 不永所事 小有言 終吉
　　불영소사　소유언　종길

②효 不克訟 歸而逋 其邑人 三百戶 无眚
　　불극송　귀이포　기읍인　삼백호　무생

③효 食舊德 貞厲終吉 或從王事 无成
　　식구덕　정려종길　혹종왕사　무성

④효 不克訟 復卽命 渝安貞 吉
　　불극송　복즉명　유안정　길

⑤효 訟 元吉
　　송　원길

⑥효 或錫之鞶帶 終朝三褫之
　　혹석지반대　종조삼체지

07

사師 : 조직을 이끄는
리더십을 말하다

수없이 많은 난관을 극복하는 과정에서 더러는 도망도 쳐보고 더러는 승리하면서 많은 경험을 쌓았다면 이 사회를 이끌 수 있는 지도자의 자격을 갖추게 됩니다. 이런 지도자를 장인丈人이라고 합니다.

보통은 아내의 아버지를 일러 장인이라고 하는데요, 사師에서 말하는 장인은 사회의 지도자로서의 자질과 자격을 갖춘 사람을 말합니다.

지도자는 사회를 이끌어야 합니다. 사회를 다스리려면 법이 있어야 합니다. 사師에서는 법을 강조합니다. 사출이율師出以律이란 말이 있는데, 사師는 '법에서 나온다'는 말입니다. 즉, 지도력은 법에서 나오는 것이죠.

사회를 법으로 다스린다는 뜻을 가진 사괘師卦는 나중에 법가法家로 이어집니다. 오늘날 법의 중요성을 모르는 사람이 없지만, 왕이 마음대로 정치를 하던 고대에도 법의 중요성을 강조하고 있다는 점에서 주역은 대단한 것이죠.

춘추전국시대 상앙商鞅과 같은 자는 일찍부터 법의 필요성과 중요성을 간파하고 있었다. 상앙(?~BC 338)은 중국 진秦나라 효공孝公 시절 법제法制, 전제田制, 세제稅制 등의 개혁을 했던 인물이다. 법률과 제도를 통해서 강력한 나라를 건설할 수 있다는 상앙의 주장은 주역의 사괘師卦에 그 뿌리를 두고 있다.

법이 항상 좋은 일만 가져오는 것은 아닙니다. 법을 지키기 위해서는 다소간의 희생도 따릅니다. 안타깝지만 시체를 수레에 실어야 하는 상황도 생겨납니다.

왕이 내린 명령에 따라서 법이 만들어지고 그 법을 적용하다 보면 부작용도 나타납니다. 법을 지키지 않는 자를 징벌하다가 충돌이 생기면서 나에게도 다소간 피해가 나타납니다. 그 피해는 어쩔 수 없습니다.

밭에 새가 있다는 뜻을 가진 전유금田有禽을 살펴보겠습니다. 밭에 새가 오는 이유는 밭에 떨어진 곡식 때문입니다. 밭에 먹을 것이 있어야 새가 날아옵니다. 지도자가 사회를 잘 다스리게 되면 식량이 넉넉해집니다. 그 결과 이웃 나라에서 교역을 요청합니다. 나라에 이익되는 바가 있으니까 교역을 하는 것입니다.

법을 잘 집행해 사회가 평화로워지면 생활이 넉넉해지는 것은 당연합니다. 이익이 있는 곳에 사람들이 모여 들고 사람들이 모여서 교역을 하면서 상업이 발달하고 도시가 번성하면서 살기가 좋아집니다. 예전에 사람들이 너나없이 로마로 몰려든 이유와 밭에 먹이가 충분해서 새가 몰려드는 것은 같은 이치에 해당합니다.

사蠱에서 특히 강조하는 것은 소인을 쓰지 말라는 것입니다. 어느 사회나 소인이 없을 수는 없겠지만 나라를 열고 이끌어가는 데 있어서 소인을 쓰게 되면 나라의 기강이 흔들립니다. 더구나 나라를 처음 세울 때, 창업을 할 때 등과 같이 매우 중대한 시기에는 자기 잇속을 먼저 챙기는 소인小人이 전체 조직을 망가뜨릴 수 있으므로 주의해야 합니다.

사례 소인을 써서 탈이 나고 말았다

2013년 5월 5일에 Y는 대통령의 미국 방문길에 청와대 대변인으로 동행했다. 이 과정에서 대한민국 청와대는 "불미스러운 일에 연루됨으로써 고위 공직자로서 부적절한 행동을 보이고 국가의 품위를 손상했다"면서 Y를 경질했으며, 청와대 측은 Y가 민정수석실 조사에서 자신이 여자 인턴 직원의 엉덩이를 만졌고, 알몸 상태로 여자 인턴 직원을 맞이했다고 언론에 밝혔다. Y는 대통령의 미국 방문을 수행하면서 인턴 성추행 사건을 일으켰으며, 이후 이 일로 대통령비서실 홍보수석 대변인에서 경질됐다. 소인을 써서는 안되는데도 불구하고 이를 제대로 실행하지 않아서 대통령은 취임한 지 채 몇 개월도 안 돼 불미스런 사건에 휘말리게 됐다.

소인을 쓰지 말라고 경고하는데도 왜 소인을 쓰게 될까요? 가장 가능성이 높은 이유는 쓰고자 하는 사람이 이런 저런 이유로 해서 소인^{小人}과 대인^{大人}을 구별해내지 못하기 때문입니다. 따라서 소인을 쓰느냐, 쓰지 않느냐의 문제는 쓰는 사람이 소인을 분별할 수 있는 지혜가 있느냐, 없느냐의 문제가 되고 맙니다.

리더가 되어 새로운 출발을 할 때 소인을 반드시 걸러내야 하지만, 고대에도 소인을 걸러내기가 쉽지 않았던 것 같습니다.

주공^{周公}의 입장에서 보면 은^殷나라를 무너뜨리고 주^周나라를 건국할 때형 무왕^{武王}을 도와서 인재를 널리 구해 새로운 국가 체제를 정비해야 했는데, 충분히 검증되지 않은 소인을 썼다가 잘못되는 일이 발생해 이를 처리하는 데 매우 힘이 들었던 경험을 사^師에 적용한 것으로 보입니다.

이빠가 먼저 읽고 자녀에게 추천하는 주역

---

7. 師 貞 丈人吉 无咎
사 정 장인길 무구

①師出以律 否臧 凶
사출이율 부장 흉

②在師中 吉 无咎 王三錫命
재사중 길 무구 왕삼석명

③師或輿尸 凶
사혹여시 흉

④師左次 无咎
사좌차 무구

⑤田有禽 利執言 无咎 長子 帥師 弟子 輿尸 貞 凶
전유금 리집언 무구 장자 수사 제자 여시 정 흉

⑥大君 有命 開國承家 小人勿用
대군 유명 개국승가 소인물용

08

비比 : 구성원의 비교 평가는
조직관리에 필수요소다

사회나 조직을 다스리는 데 있어서 법도 중요하지만, 평가 역시 중요합니다. 사람을 비교하고 평가하는 일이 공정하게 진행되어야만 사람들은 지도자를 신뢰합니다. 비교평가가 함부로 이루어지면 사람들이 그 평가를 믿지 않게 되고 나중에는 사회 전체가 흔들립니다.

몽괘蒙卦에서 점치는 얘기가 나왔던 것을 기억하시나요? 두 번째로 비괘比卦에서도 점치는 얘기를 합니다. 원서원영정原筮元永貞이 그것입니다 (서筮는 점치는 막대기). 점은 처음 것이 영원히 옳다는 뜻입니다. 평가나 판단을 할 때 단 한 번으로 끝내라는 것입니다. 이랬다저랬다 하면 원하는 결과를 얻지도 못하고 상황만 나빠집니다.

어찌 보면 당연한 얘기지만 한 번 결정된 사실은 절대 번복하면 안 됩니다. 이미 결정된 것을 뒤집으면 신뢰가 떨어집니다. 어느 금융기관에서 전산 오류라면서 이미 발표한 입사 시험 합격자를 불합격처리하는 일이 발생한 적이 있습니다. 이는 치명적인 실수인 것입니다.

비교평가는 늘 불편합니다. 평가자도 불편하고 평가를 받는 사람도 불편합니다. 하지만 비교평가를 안 할 수는 없습니다. 비교평가에서 문제가 무엇일까요? 좋은 평가를 받은 사람에게는 문제가 없지만 평가 결과가 나쁜 사람이 문제입니다.

평가가 좋지 않는 사람들을 잘 다독거리면서 끌고 가야 하는 숙제가 있습니다. 마음이 편치 않지만, 평가를 하게 되면 항상 좋은 평가와 나쁜 평가가 있기 마련입니다. 나쁜 평가 결과 역시 포용하고 가야 합니다.

비교평가라고 하는 것은 해도 좋고 안 해도 그만인 것이 아닙니다. 조직이나 사회를 이끌기 위해서 평가는 자연스런 현상입니다. 그래서 주역에서 비比는 스스로 나타나는 것이라고 했습니다. 비比는 자연발생적이란 뜻입니다. 비교 없이 평가할 수 없고, 평가가 없다면 사회를 이끌 수가 없으니까요.

또한 비比란 사람이 아니라고 했습니다. 이 말을 오해하면 안 됩니다. 비比가 사람이 아니라고 한 것은 비교평가가 사람을 대상으로 하긴 하지만, 그 자체는 사람이 아니라는 뜻입니다.

비比는 사회를 이끌기 위한 하나의 수단입니다. 비교 결과 낮은 점수를 받았다고 해서 그 사람의 값어치가 낮은 것이 결코 아닙니다. 비比는 사람이 아니라는 비지비인比之匪人의 뜻을 잘 새겨보시기 바랍니다.

비교평가에서 가장 중요한 것은 신뢰입니다. 비교평가의 기준이 신뢰할 수 있도록 마련되어야 하고, 비교평가 행위 역시 사람들에게 공정하다는 믿음을 줘야 합니다. 신뢰를 잃은 평가는 사람들에게 불만을 품도록 하여 사회를 분열시킵니다. 주역은 사회의 통합과 질서를 주장하는 책입니다. 사회의 분열을 조장하기 위한 비교평가는 있을 수 없습니다.

비교평가에서 유의할 사항이 하나 더 있습니다. 외모 등 겉으로 드러난 정보만으로 하는 평가는 내부에 감춰진 진실을 왜곡할 수도 있습니다. 직전의 사師에서 소인을 쓰지 말라고 했던 것을 기억하시죠? 사람의 겉모습이나 학력 등만 가지고 평가를 했을 경우에 소인을 걸러내기가 어렵습니다.

SK텔레콤의 공정한 채용 평가

SK텔레콤은 채용 시 입사지원자의 학력 및 출신지역을 배제하고 블라인드 면접을 했다. 그랬더니 SKY대 출신 및 서울지역 출신 선발비중이 낮아지고 지방출신이 과거보다 많아졌다. 표면적으로 드러난 정보에 의한 선입견이 실제 객관적 정보를 왜곡하고 있었음이 밝혀졌다.

오늘날 비比는 더욱 발전해 행정학行政學이나 경영학經營學에서 인사고과人事考課라는 형태로 다루어지고 있습니다.

---

8. 比 吉 原筮元永貞 无咎 不寧方來 後夫凶
　　비　길　원서원영정　무구　불녕방래　후부흉

⑭有孚 比之 无咎 有孚 盈缶 終來有他 吉
　유부　비지　무구　유부　영부　종래유타　길

⑬比之自來 貞 吉
　비지자래　정　길

⑫比之匪人
　비지비인

⑪外 比之 貞 吉
　외　비지　정　길

⑩顯比 王用三驅 失前禽 邑人不誡 吉
　현비　왕용삼구　실전금　읍인불계　길

⑨比之 无首 凶
　비지　무수　흉

09

소축 小畜 : 성공을 위한
기반을 마련하다

지금까지 진행된 주역 상편의 흐름을 소축 小畜에서 다시 한 번 짚어봅니다. 새싹을 뜻하는 세 번째 둔 屯에서부터 시작된 흐름이 9번째의 소축 小畜에 이르러서 작은 결실을 보게 됩니다.

소축 小畜은 말 그대로 조금 쌓였다는 뜻이죠. 즉, 소축 小畜은 종잣돈이 마련됐다는 말입니다. 이 상황은 아직 성공으로 볼 수 없습니다. 조금 쌓이게 되면 사람들이 나태해질 가능성이 있으므로 주의를 요합니다.

 자식과 마누라 빼고 다 바꾸라고 하던 이건희 회장

삼성전자는 1991년 휴대전화를 개발했고, 1992년 세계 최초로 64M D램을 완성했다. 이때의 삼성전자 직원들은 상당히 고무되어 있었다. 세계최초로 64MD램 개발에 성공하면서 삼성의 자부심 또한 대단했다. 하지만 1993년 신경영을 선포하면서 삼성그룹의 이건희 회장은 자식과 마누라 빼고 다 바꾸라고 했다. 이 무슨 뚱딴지같은 신경영 선포? 남들은 삼성전자가 잘 나가는 회사로 보였지만, 이건희 회장은 이제 소축小畜에 해당한다고 보았던 것이다.

그는 자식과 마누라 빼고 다 바꾸는 대대적인 혁신을 하지 않으면 소축小畜에서 더 이상 발전이 없음을 알았다. 삼성전자는 밀운불우密雲不雨의 소축小畜인 상황에서 과감한 혁신을 단행했고, 그 이후 2012년에는 브랜드 가치 329억 달러로 세계 100대 브랜드 중 9위를 차지하게 되었다. 2014년 3월 현재 삼성전자의 기업 가치인 시가총액이 187조 8,000억원에 이르고 있다. 1993년 그때, 남들과 달리 이건희 회장은 삼성전자의 위치가 겨우 소축小畜에 해당한다는 점을 깨달았기 때문에 이후 더욱 더 혁신을 지속할 수 있었다.

삼성전자의 사례에서와 같이 소축은 이제 겨우 발판을 마련한 것에 해당합니다. 소축에서는 앞으로의 진행을 위해서 더욱 더 분발해야 할 때이며, 마음을 놓을 때가 아닙니다.

소축은 겨우 손익분기점(BEP, break-even-point)을 넘긴 것으로 사업을 시작해 투자 원금을 회수하고 이익이 나기 시작하는 때입니다.

소축은 밀운불우密雲不雨라고 합니다. 구름이 잔뜩 끼었으나 비가 오지 않는다는 말이죠. 뭔가 될 것 같기는 한데, 이루어지는 일이 없다는 뜻입니다. 분명히 될 수 있고, 된다는 확신도 있고, 여건도 좋은데 아직 성취가 없는 상태가 소축입니다. 절대 방심할 때가 아니죠.

소축에서는 늘 덕을 실으라고도 하고, 반복해서 끌고 가라고도 합니다. 덕이 있어야 사람들이 나를 따릅니다. 사람들이 나를 따라야 사회를 이끌 수 있습니다. 더구나 끊임없이 반복해서 일을 진행시키지 않으면 모든 일이 수포가 되고 맙니다. 둔屯에서 시작해 소축小畜에 이르기까지 많은 난관을 돌파했는데 소축에서 주저앉아버리면 모든 것이 허사입니다. 그간의 노력이 물거품이란 뜻입니다.

중견기업들이 소축小畜의 상황에서 많이 무너진다고 합니다. 소축의 상황에 안주하는 기업은 대기업으로 성장하지 못합니다. 대기업으로 성장을 하지 못하면 그것으로 끝이 아닙니다. 성장이 멈추면 현상 유지도 못하고 후퇴하게 됩니다.

삼성전자가 소축에서 성장하지 못하고 머물렀다면 일본 기업들에게 밀려서 자취를 감췄을 것입니다. 먹고 살만해졌다고 해서 나태해지면 언제 나락으로 떨어질지 모릅니다. 이것이 냉엄한 현실입니다. 지금 손에 쥔 것이 중요하지 않습니다. 그건 언제든지 잃어버릴 수 있으니까요. 탄탄해질 때까지 부지런히 반복해 일해야 합니다.

9. 小畜 亨 密雲不雨 自我西郊
   소축 형 밀운불우 자아서교

⑴復自道 何其咎 吉
  복 자 도 하 기 구 길

⑵牽復 吉
  견 복 길

⑶輿說輻 夫妻反目
  여 설 폭 부 처 반 목

⑷有孚 血去 惕出 无咎
  유 부 혈 거 척 출 무 구

⑸有孚攣如 富以其隣
  유 부 련 여 부 이 기 린

⑹旣雨旣處 尙德載 婦貞厲 月幾望 君子征 凶
  기 우 기 처 상 덕 재 부 정 려 월 기 망 군 자 정 흉

10

리履 : 때가 되었다면 강력
하게 일을 추진하라

드디어 리履에서 정면 돌파를 주장하고 있습니다. 직전의 소축小畜이 종잣돈을 마련한 상황이었다면, 리履는 과감하게 일을 추진하라고 주문합니다. 얼마나 강력했으면 절대 물지 않을 것이니 호랑이 꼬리를 밟으라고 합니다.

호랑이 꼬리를 콱 밟아버립니다. 정면으로 돌파하라는 얘기입니다. 일이 어느 정도 궤도에 오르면 그때는 눈치볼 것 없습니다. 그냥 돌파합니다. 앞뒤 가릴 필요 없습니다.

어느 정도 기반이 잡히고 실력도 탄탄해지게 되면 보다 큰일을 해야 합니다. 기업으로 볼 때 최근 3~5년 이익이 꾸준히 나고 있다면, 감내할 수 있는 범위를 정해 공격적인 투자를 감행할 때입니다.

1969년 삼성전자공업주식회사가 설립되었고, 1977년 한국반도체를 인수해 삼성전자가 반도체 시장에 뛰어들었다. 삼성전자가 뛰어들던 1970년대 후반의 반도체 시장은 일본이 장악하고 있었다. 삼성전자가 반도체 사업을 시작했을 당시 세간에는 말들이 많았다. 더러는 절대로 성공하지 못할 것이라고도 했다. 하지만 삼성은 과감하게 반도체 시장에 진입했고 흔들림 없이 반도체 생산에 집중했다. 호랑이 꼬리를 밟아도 물지 않으니 과감하게 실행하라는 리괘履卦의 의미를 제대로 실천했다.

꼬리를 밟힌 호랑이가 가만히 있을 리는 없습니다. 하지만 강력하게 꼬리를 밟아 버리면 호랑이도 꼼짝 못합니다. 그래서 호랑이 꼬리를 밟을 때는 온 힘을 다해서 콱 밟아야 합니다. 어설프게 밟으면 호랑이가 물어버립니다. 리履에서는 절름발이도 호랑이 꼬리를 밟을 수는 있지만, 절름발이가 호랑이 꼬리를 밟으면 호랑이가 문다고 말합니다.

일을 처리할 때 일단 의사결정을 했으면, 절대로 망설이지 말아야 합니다. 호랑이가 절름발이까지 물지 않는 것이 아니죠. 걸음이 조금이라도 서투르면 호랑이는 바로 사람을 물어버립니다.

호랑이 꼬리를 밟듯이 과감하게 돌파한 이후에는 절대 뒤를 돌아보지 않습니다. 아무리 물지 않는다고 해도 호랑이 꼬리를 밟은 이상 두렵지 않을 수는 없습니다. 그러나 절대 두려움을 밖으로 드러내지 않아야 합니다. 그러면 그 결과는 늘 좋습니다.

현대자동차의 포니 생산

1976년 현대그룹의 정주영 회장은 '포니'라고 하는 자동차를 생산했다. 한국에서 자동차를 생산한다고 하자 다른 나라는 조롱했다고 한다. 하지만 현대 자동차의 정주영 회장은 호랑이 꼬리를 밟은 이상 절대로 한눈 팔거나 두려워하지 않고 일을 추진했다. 일단 시작한 사업은 어떤 일이 있어도 두려워하지 않고 밀어붙였던 정주영 회장의 뚝심이 있었기에 현대자동차가 오늘날 세계적인 자동차 회사로 성장할 수 있었다. 리履에서는 쾌리夬履라고 해서 터놓고 밟으라고도 말하는데, 자동차 산업에 뛰어든 이상 정주영 회장은 남들이 뭐라고 하든 과감하게 밀어붙여야만 성공한다는 것을 알고 있었다.

삼성과 현대의 추진력

삼성전자가 반도체 시장에 진출할 때, 현대자동차가 자동차를 만들기 시작할 때 주변에서 부정적인 견해도 많았고 심지어는 조롱도 당했지만, 이들을 모두 무시하고 일사천리로 진행했다. 그 결과 오늘날 대한민국 1위인 삼성전자와 2위인 현대자동차라는 기업이 탄생했다.

---

10. 履虎尾 不咥人 亨
리 호 미 부 질 인 형

①素履往 无咎
소 리 왕 무 구

②履道坦坦 幽人 貞 吉
리 도 탄 탄 유 인 정 길

③眇能視 跛能履 履虎尾 咥人 凶 武人 爲于大君
묘 능 시 파 능 리 리 호 미 질 인 흉 무 인 위 우 대 군

④履虎尾 愬愬 終吉
리 호 미 색 색 종 길

⑤夬履 貞 厲
쾌 리 정 려

⑥視履 考祥其旋 元吉
시 리 고 상 기 선 원 길

11

태泰 : 넓은 생각을 담는
큰 그릇이 되자

어느 수준에 이르고 나면 마음이나 행동이 크고 넓어져야 합니다. 그래야만 사람들의 존경을 받고 사회를 바르게 이끌어갈 수 있습니다. 속이 좁은 사람에게 사람들이 모일 리 없습니다.

넓은 생각을 담는 큰 그릇이 되어야만 진정한 성공자입니다. 과감한 행동을 통해서 충분한 부富와 명예를 쌓았다면 그 부와 명예를 유지하기 위해서 마음과 행동이 크고 넓어야 하겠죠?

사업에서 크게 성공한 사람들을 보면 대부분 크고 넓게 생각했습니다. 문화도 마찬가지입니다. K-POP이 전세계적으로 퍼져 나갈 수 있었던 것은 SM과 같은 기업이 국내에 안주하지 않고 크고 넓은 세계를 보고 있었기에 가능했습니다.

역사적으로 크고 넓게 생각해 성공한 경우를 쉽게 발견할 수 있습니다. 고대 유럽의 패권을 장악했던 그리스나 로마의 경우 지중해의 작은 나라였지만 유럽 전역을 좌지우지 했습니다. 네덜란드와 같은 작은 나라도 한때 유럽을 장악하기도 했으며, 섬나라 영국은 누구나 다 알고 있듯이 해가 지지 않는 나라가 됐습니다.

인구 200만 명에 불과한 여진족이 청나라를 세워서 중국을 지배할 수 있었던 것도 그 뜻이 크고 넓었기 때문입니다.

크게 생각하고 행동할 때 해야 할 일은 작은 일에 집착하지 않는 것입니다. 그래서 태泰에서는 걸림돌이 되는 띠풀이 있다면 아예 뿌리째 뽑아서 말려죽이라고 합니다. 어찌 보면 무서운 얘기입니다. 걸림돌은 과감히 제거해버리라고 합니다.

사례 대의를 위한 선택

읍참마속泣斬馬謖이라는 고사가 있다. 마속馬謖이라는 장수가 큰 공을 세워보고자 제갈공명諸葛孔明의 명을 어기고 자신의 판단으로 위魏나라의 군대를 상대했다가 참패를 당했다. 마속은 산기슭을 지켜서 위나라 군대가 접근하지 못하게 하라는 명을 받았으나 위군을 한꺼번에 섬멸하고자 하는 욕심 때문에 제갈공명의 명을 어긴 채 자신의 판단으로 산위에 진을 쳤다가 대패를 했다. 촉蜀나라에 마속馬謖만한 장수가 없었으나 제갈공명諸葛孔明은 눈물을 머금고 마속馬謖을 참형에 처했다. 안타깝지만 제갈공명은 걸림돌이 되는 마속을 처형해야만 했다. 이 과정에서 마음이 아프지 않을 리가 없지만, 마속의 처형은 어쩔 수 없는 선택이었다. 크고 넓게 생각하고 행동하려면 걸림돌을 과감하게 제거할 수밖에 없다는 것이 제갈공명의 생각이었다.

크게 실행하면 그 결과도 크므로 '훨훨 난다'는 뜻에서 편편翩翩이라고 말합니다. 이 말은 고구려 유리왕琉璃王이 지었다는 황조가黃鳥歌의 첫 구절인 '훨훨 나는 꾀꼬리'란 뜻의 편편황조翩翩黃鳥라는 말에서도 나옵니다.

태괘泰卦에서는 무릇 하늘을 날 듯 크게 보아야 한다고 강조합니다. 조감도鳥瞰圖를 내려다보듯이 전체를 한꺼번에 꿰뚫어보아야 큰일을 할 수 있습니다.

크게 생각하고 행동하는 경우에도 절대 분쟁을 만들 필요는 없습니다. 적의 침공에 대비해 해자垓子(적의 침입을 막기 위해 성 밖을 둘러 파서 못으로 만든 곳)를 파는 것은 상관없지만 괜히 적의 심기를 건드릴 필요는 없습니다.

비록 적일지라도 부드럽게 상대하는 것이 오히려 대인大人입니다. 이는 1970년대 말 삼성전자가 반도체 산업에 진출할 때 내부에서 반도체 사업에 반대하는 사람들을 제압했지만 일본 기업마저 제압하려고 함부로 덤비지 말 것을 권하는 것과 같습니다.

---

11. 泰 小往大來 吉亨
    태　소왕대래　길형

①⑩拔茅茹 以其彙 征 吉
　　발 모 여　이 기 휘　정 길

②⑩包荒 用憑河 不遐遺 朋亡 得尙于中行
　　포 황　용 빙 하　불 하 유　붕 망　득 상 우 중 행

③⑩无平不陂 无往不復 艱貞 无咎 勿恤 其孚于食 有福
　　무 평 불 피　무 왕 불 복　간 정　무 구　물 휼　기 부 우 식　유 복

④⑩翩翩 不富以其隣 不戒以孚
　　편 편　불 부 이 기 린　불 계 이 부

⑤⑩帝乙歸妹 以祉 元吉
　　제 을 귀 매　이 지　원 길

⑥⑩城復于隍 勿用師 自邑告命 貞 吝
　　성 복 우 황　물 용 사　자 읍 고 명　정 린

12

비否 : 소인들이 뭉칠 때는 맞서지 마라

아빠가 먼저 읽고 자녀에게 추천하는 주역

사회나 조직이 어느 정도 기반을 잡게 되면 이를 이용해 자기 잇속을 챙기려는 소인배들이 등장하기 마련입니다. 중국의 전설적인 제왕인 황제黃帝가 썼다고 하는 음부경에서도 '나무에서 불이 생기듯이 나라에 도적이 생겨나는 것은 어쩔 수 없다'고 했습니다.

대인만 살 수 있는 세상은 없습니다. 이 세상에는 소인들이 많이 있습니다. 소인들의 존재 자체를 부정하거나 거부할 수 없습니다.

세상이 평화로워지고 재물이 넉넉해지면 이를 차지하려는 소인들이 나타납니다. 모두가 어려운 시절에는 소인들이 잘 안 보입니다. 똥이 있어야 파리가 들끓듯이 재물이 있어야 소인들이 달려듭니다. 재물이 없으면 소인들이 다가오지 않습니다. 재물을 차지하려고 소인들이 전면에 나서면 평화롭던 세상이 갑자기 시끄러워지기 시작합니다.

11번째 태괘泰卦에서는 크고 넓게 생각하라고 했는데, 뒤이어 비괘否卦가 이어지면서 몸조심을 하라고 경고합니다. 소인이 득세할 때는 그 어떤 일도 추진하기 어렵습니다. 일을 추진한다고 해도 바람직한 성과가 나오지 않습니다. 이런 상황에 부닥치게 되면 요령껏 피하는 것이 좋습니다.

소인들과 부딪혀봐야 얻을 것이 없습니다. 소인들이 권력을 쥐고 있다면 함부로 나서지 않아야 합니다. 소인들과 부딪히면 작은 것을 얻을 수는 있을지 몰라도 큰 것을 잃기 때문입니다.

사례 소인배와 맞닥뜨린 김연아

2014년 2월 러시아 소치에서 동계올림픽이 열렸다. 피겨스케이팅 세계 랭킹 1위인 김연아는 당연히 금메달 유망주였고, 4년 전 캐나다 밴쿠버 동계올림픽에서도 금메달을 땄고, 이번에도 금메달을 따서 2연패를 할 것으로 기대했다. 하지만 김연아의 금메달 획득은 실패했다. 실력 부족이 아니라 주최국 러시아의 불공정한 경기 운영과 심판진의 편파적인 판정 때문이었다. 잘 나가던 김연아에게는 너무나 어이가 없는 결과였다.

소인들이 장악하고 있는 세상에서는 상식과 말이 통하지 않습니다. 소인들은 자신이 차지하고자 하는 이익을 위해서는 물불을 가리지 않기 때문입니다. 그래서였을까, 김연아는 금메달을 빼앗기고도 덤덤하게 반응을 했습니다. 소인들이 득세하는 세상에서는 가만히 있는 것이 상책입니다.

소인들의 세력이 크지 않을 때는 소인들을 뿌리째 뽑아 버리는 것이 좋습니다. 하지만 그것도 잠시일뿐, 소인들이 뭉치기 시작하면 뿌리 뽑기 힘든 세력이 됩니다. 소인들이 뭉치면 대인일지라도 그들을 당해내지 못합니다. 소인들이 강력하게 뭉치는 세상에서는 그 어느 일도 진행하지 못합니다.

소인이 득세하는 세상에서는 어떻게 살아야 할까요? 주역에서는 뽕나무라도 심어서 누에를 길러 난관을 헤쳐나갈 것을 권합니다.

소인이 득세하는 세상이 지속될 수 있을까요? 그렇지 않습니다. 소인들의 세상은 오래갈 수 없습니다. 비(否)에서는 소인들의 세상이 기울어지면서 나중에는 기쁨이 있다고 말합니다. 처음에는 막히지만 나중에 풀리면서 웃음을 찾는 날이 옵니다. 다만, 소인들이 힘을 강력하게 행사할 때는 함부로 그들에게 대항하지 말고 뒤로 물러서는 것이 상책이겠죠?

---

12. 否之匪人 不利君子 貞 大往小來
비지비인 불리군자 정 대왕소래

(초육) 拔茅茹 以其彙 貞 吉亨
발모여 이기휘 정 길형

(육이) 包承 小人吉 大人否 亨
포승 소인길 대인비 형

(육삼) 包羞
포수

(구사) 有命 无咎 疇離祉
유명 무구 주리지

(구오) 休否 大人 吉 其亡其亡 繫于苞桑
휴비 대인 길 기망기망 계우포상

(상구) 傾否 先否 後喜
경비 선비 후희

13

동인同人 : 동지가 있어야 일을 추진한다

세상의 그 어떤 일도 혼자서는 진행하기 어렵습니다. 나와 뜻을 함께 하는 동지가 필요하죠. 동지들이 많으면 많을수록 나는 더 큰일을 해낼 수 있습니다. 더구나 소인들이 득세하는 세상에서 숨죽이며 살았던 시절에서 벗어나 새로운 일을 시작할 때는 많은 사람들의 도움이 절실합니다.

동지들을 모으는 이유는 큰일을 도모하기 위해서입니다. 동인同人에서 큰일을 도모하는 것에 관한 내용이 나옵니다. 이섭대천利涉大川이라는 말이 그것입니다. 말 그대로 해석하면 큰 내를 건넌다는 것인데, 이는 영토를 개척하는 일에 해당합니다. 고대에 영토를 넓히는 일보다 더 큰일은 없었을 것입니다.

큰일을 도모하려면 정통성이 중요합니다. 꼼수로 사람들을 모을 수 있다고 해도 그들을 이끌어가는 데는 꼼수로는 안 됩니다. 여러 사람들을 이끌기 위해서는 정통성이 필요합니다.

처음 사람들을 모을 때는 매우 힘이 들 것입니다. 하지만 사람들을 모으다 보면 나중에는 크게 웃을 일이 생깁니다(선호도이후소先號咷而後笑). 처음에는 통곡하며 울지만 나중에는 웃게 됩니다. 사람들을 모으기가 쉽지 않지만 사람들을 모을 수만 있다면 나중에는 힘차게 일을 추진할 수 있고, 원하는 성과를 얻어서 크게 웃을 수 있습니다.

동지들을 모아서 일을 하다 보면 도저히 넘을 수 없는 난관에 부딪칠 수도 있지만 이런 일이 발생하면 피해가면 됩니다. 오를 수 없는 담벼락을 만나면 그냥 인정하고 무리하게 넘으려는 시도를 할 필요는 없습니다. 넘기 힘든 담을 만나면 대충 얼버무리면서 돌아가는 것이 좋습니다.

동지들을 모아서 일을 추진하게 되면 나중에는 여유가 생깁니다. 혼자서 일을 하는 것이 아니라 여러 사람들이 일을 나눠서 하기 때문입니다. 세상일을 하는 데 홀로 할 수 있는 것은 없습니다. 많은 사람들이 일을 나눠서 하게 되면 효율도 오르고 여유도 생깁니다. 이 여유를 가리켜서 동인同人에서는 교외의 한가로움이라고 하고 있습니다.

아빠가 먼저 읽고 자녀에게 추천하는 주역

사례 대장정을 끝내고 난 마오쩌둥

1934년 10월 시작되어 1935년 10월까지 9,600km에 달하는 중국 공산당의 대장정이 끝났다. 드디어 연안延安에 도착한 마오쩌둥은 자신을 도와줄 동지들을 만난다. 10만 명이나 되는 군대가 1년여에 걸친 대장정을 마치고 연안에 도착했을 때는 겨우 7천 명뿐이었지만, 연안에 도착하여 새로운 동지들을 규합했다.

중국의 마오쩌둥은 1935년 대장정을 끝내고 나서 새로운 동지들을 규합해 세력을 확장했고, 1949년 4월에 인민해방군은 장강을 건너서 국민당 정부의 수도 난징南京을 공략, 5월 말에는 상하이 점령, 연말쯤에는 대륙의 거의 전부를 점령했다. 마오쩌둥은 1949년 10월 1일 중화인민공화국의 성립을 선포했다. 중화인민공화국 성립 선언 후 마오쩌둥은 전쟁을 끝내고 한가로움을 느낄 수 있었다.

---

13. 同人于野 亨 利涉大川 利君子 貞
동인우야 형 리섭대천 리군자 정

①同人于門 无咎
동인우문 무구

②同人于宗 吝
동인우종 린

③伏戎于莽 升其高陵 三歲不興
복융우망 승기고릉 삼세불흥

④乘其墉 弗克功 吉
승기용 불극공 길

⑤同人 先號咷而後笑 大師克相遇
동인 선호도이후소 대사극상우

⑥同人于郊 无悔
동인우교 무회

14

대유大有 : 넉넉하면 먹지
않아도 배부르다

대유大有는 먹지 않아도 배부를 정도로 넉넉한 상황을 말합니다. 대유는 주역 상편에서 달성하고자 하는 첫 번째 목표입니다.

대유大有를 얻기 위해서 둔屯에서부터 동인同人까지 줄기차게 달려왔습니다. 대유에 이르면 큰 수레에 짐을 싣는다고 합니다. 재물이 얼마나 많았으면 큰 수레에 짐을 가득 싣는다고 했을까요?

대유大有에는 특별한 내용이 없습니다. 그냥 여유로워서 누군가 시끄럽게 굴어도 그저 그렇게 생각하고 넘어갈 정도입니다. 크고 넉넉하므로 작은 일에 신경을 쓸 필요가 없습니다.

국가로 보자면 대유大有는 경제가 지속적으로 성장하면서 장기간 호황을 누리는 기간에 해당합니다.

경제가 장기간 호황을 누리게 되면 먹고 사는 일에 매달리지 않아도 좋습니다.

1992년부터 1996년까지 한국과 미국의 경제성장률을 살펴보자. 이 기간 중 한국의 평균 경제성장률은 7.9%였고, 미국의 평균 경제성장률은 3.4%였다(자료출처 : 통계청 통계정보시스템).

구 분	1992	1993	1994	1995	1996	평 균
한 국	6.2%	6.8%	9.2%	9.6%	7.6%	7.9%
미 국	3.6%	2.7%	4.0%	2.7%	3.8%	3.4%

2015년 한국의 경제성장률이 3% 내외에 불과하지만 1990년대 전반의 경제성장률은 2015년의 두 배가 훨씬 넘었었다. 2015년 중국의 경제 성장률이 7%대인 것을 감안하면 1990년대 전반의 한국의 경제가 얼마나 크게 성장을 하고 있었는지를 알 수 있다. 이러한 경제의 성장이 지속되는 기간에는 먹고 사는 문제를 걱정할 필요가 없었다. 이 기간 동안 대한민국은 장기 호황이 지속됐고, 군 출신이 아닌 김영삼 대통령이 당선되는 등 사회가 전반적으로 안정화돼 있었다. 이때가 바로 넉넉하다는 뜻을 가진 대유大有의 상황이었다.

풍족해지면 기울어짐을 걱정해야 하지만, 대유에서는 그 걱정도 잠시 접어둘 수 있습니다. 왜냐하면, 운運에 의해서 넉넉해진 것이 아니라 시행착오를 겪으면서 탄탄하게 다지면서 성장을 해왔기 때문입니다. 그래서인지 대유는 스스로 하늘이 도운 것이라고 하여 자천우지自天祐之라고 합니다.

14. 大有 元亨
대유 원형

①无交害 匪咎 艱則无咎
　무 교 해　비 구　간 즉 무 구

②大車以載 有攸往 无咎
　대 거 이 재　유 유 왕　무 구

③公用 亨于天子 小人弗克
　공 용　형 우 천 자　소 인 불 극

④匪其彭 无咎
　비 기 팽　무 구

⑤厥孚交如 威如 吉
　궐 부 교 여　위 여　길

⑥自天祐之 吉 无不利
　자 천 우 지　길　무 불 리

15

겸謙 : 겸손해서 손해 볼
일 없다

세상에서 성공하는 것도 힘들고 어렵지만, 그 성공을 유지하는 일도 쉽지 않습니다. 크게 있다는 뜻인 대유大有처럼 넉넉해졌다고 해서 모든 것이 끝이 아닙니다. 넉넉한 재산을 잘 지켜내는 것 또한 중요하지요.

넉넉해지기까지의 과정을 한 번 되돌아봅니다. 얼마나 많은 땀과 노력이 있었는지 생각해보세요. 그렇게 힘들게 노력해서 얻은 결과인데, 함부로 무너뜨릴 수는 없습니다.

공들여 쌓은 탑을 지켜내려면 어떻게 하면 될까요? 제일 먼저 할 일은 겸손해지는 것입니다. 겸謙에서는 겸겸군자謙謙君子라고 합니다. 이는 '겸손하고 또 겸손하라, 군자여!' 라는 말이죠. 거듭해서 겸손하라는 것입니다. 이 겸손은 공자에게 이어져서 유가儒家의 주요 덕목이 됩니다. 왜냐하면 겸손이야말로 세상을 유지하고 지탱하는 힘이니까요. 사람들이 겸손을 멀리하게 되면 이 사회의 질서가 유지되기 어렵습니다. 이런 점에서 공자께서 겸손에 주목한 것은 너무나 당연합니다.

요즘 사람들은 과거의 사상이나 철학을 고리타분하다고 하죠. 왜 그럴까요? 시대가 변하면 과거의 풍습, 제도, 철학은 구식이 되고 맙니다.

철이 지난 것은 촌스러워집니다. 하지만 그 뜻까지 촌스러운 것은 아닙니다. 재해석을 하지 않아서 촌스러워지는 것이지, 시대의 변화에 맞춰서 그 뜻이 새롭게 발전한다면 촌스러움은 사라지고 멋진 생각이 됩니다. 겸손謙遜 또한 마찬가지입니다. 현대에 맞게 재해석을 하면 겸손은 아주 멋진 생각입니다. 3천 년 전이나 지금이나 겸손은 사람에게 꼭 필요한 덕목이지요.

겸謙에서 주목할 것이 하나 더 있습니다. 사람이 겸손하게 행동하는 것이 당연한데도 겸손한 사람을 무시하는 경우가 있습니다. 겸손한 사람을 만만하게 보는 그런 사람이 있다면 어떻게 해야 할까요? 주역에서는 겸손을 무시한다면 그런 사람은 가만두지 말라고 합니다. 그런 사람이 있다면 정벌해버리라고 합니다. 무시무시하죠? 주역에서는 가차 없이 정벌하라는 말을 서슴지 않는 경우가 더러 보입니다. 그러한 주역의 뜻은 후대에 법가法家에서 주목했을 것입니다. 공자께서 겸손의 긍정적인 면에 주목했다면, 법가法家의 사상가들은 겸손을 업신여기는 무리를 가차 없이 벌하라는 데 주목했을 것입니다.

아빠가 먼저 읽고 자녀에게 추천하는 주역

---

15. 謙 亨 君子有終
　　겸　형　군자유종

①初 謙謙君子 用涉大川 吉
　　겸겸군자 용섭대천 길

②六 鳴謙 貞吉
　　명겸 정길

③九 勞謙 君子有終 吉
　　노겸 군자유종 길

④六 无不利撝謙
　　무불리휘겸

⑤六 不富以其隣 利用侵伐 无不利
　　불부이기린 리용침벌 무불리

⑥上 鳴謙 利用行師 征邑國
　　명겸 리용행사 정읍국

16

예豫 : 미리 대비해야 탈이 없다

예豫라 하는 것은 예측, 예견, 예상 등을 말합니다. 미리 대비하거나 준비하는 것이죠. 세상을 사는 사람 중에서 미래를 미리 생각하지 않고 사는 사람은 없습니다. 다만, 미래를 보다 더 충실하게 생각하느냐, 대충 생각하느냐의 차이가 있습니다.

평생 모은 재산이나 명예를 유지하기 위해서는 겸손도 필요하지만 미래에 대한 준비를 철저히 하는 것도 중요합니다. 오늘날 세상을 사는 일 중에 미래를 예상하면서 사는 것 이상으로 중요한 일은 없습니다. 지금 나의 행동과 전략은 미래의 성과를 얻기 위한 것입니다.

미래에 대한 불확실성이 크면 행동으로 옮길 때 조심해야 합니다. 위험이 클 때는 직접 나서지 말고 대리인을 시켜서 일을 추진하는 것이 좋습니다. 사장이 직접 나서지 않고 본부장으로 하여금 일을 추진하게 하는 것입니다.

왕이 있던 시절이라면 왕이 직접 나서지 않고 신하들을 시켜서 일을 처리합니다. 나중에 일이 어그러지면 신하 탓이고, 일이 잘 되면 왕 탓입니다.

심성이 나쁜 사람은 이런 전략을 악용하기도 합니다. 자기는 성과만 누리고 위험한 일은 남만 시키는 못된 사람을 말합니다.

주역에서 이런 나쁜 심성을 합리화시키자는 것은 아닙니다. 사장이 직접 나섰다가 회사에 치명적인 상처를 입힐 수 있을 경우 본부장을 시켜서 일을 처리하도록 함으로써 회사가 곤경에 빠지지 않도록 하라는 것이 주역의 뜻입니다.

미래에 대한 준비를 함에 있어서 신경쓸 일이 또 있죠. 정보의 통제입니다. 정보나 기밀이 외부로 새어나가지 않도록 미리 단속해야 합니다. 국가 간의 일이거나, 경쟁 기업과의 관계, 경쟁자 정보 등에 관한 경우에는 서로 사전에 그 정보를 캐내려고 할 것이며, 이에 따라서 정보가 새나갈 수 있으므로 주의해야 합니다. 미리 정보 유출을 차단하지 않으면 나중에 심각한 문제가 발생할 수 있다는 점을 주역에서도 강조한 것입니다.

미리 대비하는 일 중에는 상대방을 염탐하는 것도 포함합니다. 상대방의 정보를 미리 알아내자는 생각은 일종의 '게임이론'에 해당합니다.

주역에서는 늘 대립되는 상대방이 존재하는 상황을 설정합니다. 빛과 어둠, 음과 양의 대립되는 개념뿐만 아니라 나와 적의 대치관계까지 생각합니다. 나의 전략은 나뿐만 아니라 상대방에게까지 영향을 미칩니다. 이 상황에서 미리 정보를 입수한 후 최선의 전략을 선택해 최대의 성과를 얻고자 하는 것이 주역입니다.

예(禮)에서는 미리 대비하는 일에 있어서 항상 마무리를 잘 하라고 강조합니다. 정보를 잔뜩 모아 놓고서는 그 정보에 대한 최종 결론 없이 우왕좌왕하면 안 됩니다. 비녀를 꽂아 단장을 마무리하듯이 깔끔하게 정리해 미래에 대한 전략을 완성합니다.

미리 대비하는 일이 완벽하게 성과를 내지는 못합니다. 더러는 대비가 미흡해 원하는 성과를 내지 못하기도 합니다. 철저히 대비해도 탈이 생깁니다. 하지만 그 탈은 어쩔 수 없습니다. 탈이 날 것을 겁내서 미리 대비를 안 할 수는 없죠. 이를 일러 예豫에서는 병이 들었다고 다 죽는 것은 아니라고 말합니다.

미리 대비하고 준비를 마치면 원하는 결과가 나와야 하지만 세상일이 그리 쉽게 원하는 대로 이루어지지는 않습니다. 일을 끝내고 보면 대부분 최초에 예상한 것과 다른 결과가 나옵니다. 설정한 목표에 완벽하게 도달하지 못했을지라도 아쉽지만 만족해야 합니다.

---

16. 豫 利建侯 行師
예 리건후 행사

①鳴豫 凶
　명예 흉

②介于石 不終日 貞吉
　개우석 부종일 정길

③盱豫 悔 遲有悔
　우예 회 지유회

④油豫 大有得 勿疑朋 盍簪
　유예 대유득 물의붕 합잠

⑤貞 疾 恒不死
　정 질 항불사

⑥鳴豫 成 有渝 无咎
　명예 성 유유 무구

17

수^隨 : 하늘이 준 운명에 순응하라

수^隨는 따른다는 뜻입니다. 무엇을 따를까요? 하늘의 뜻을 따르라는 것입니다. 앞에서도 보았듯이 크게 얻는 바를 말하는 대유^{大有}를 지키기 위해서는 겸손과 사전에 대비하는 일이 필요하지만, 그 이상으로 중요한 것이 하늘의 뜻을 거역하지 않는 것입니다. 요즘 말로 하자면 흐름^{flow} 또는 트렌드^{trend}를 거스르지 말라는 것이죠.

안되는 일을 억지로 하면 탈이 납니다. 되는 대로 흐름에 맞춰 살아야 합니다. 그래야만 내가 가진 것을 잃지 않습니다.

주역 상편의 흐름은 둔^屯에서 시작해 일차적으로 수^隨에서 마감됩니다. 하늘의 뜻에 따라 살면 그것으로 인생은 완성입니다. 하늘의 뜻을 거역하지 않는 사람은 망할 일이 없습니다. 비록 내게 주어진 것이 작고 소박할지라도 흐름에 몸을 맡기십시오. 그러면 결국은 승리합니다. 지금 내게 주어진 것이 작다고 불평하면서 함부로 행동하면 승리는커녕 이미 가진 것마저 빼앗기고 맙니다.

원하지 않는 부서로 발령이 나거나 좌천되었다고 해봅시다. 그래도 따라야 합니다. 그것이 순리이기 때문입니다. 마음에 들지 않는다고 회사를 그만두는 일은 바보짓입니다. 또 다시 기회는 찾아옵니다. 자신에게 주어진 역할이 무엇이든 묵묵히 최선을 다한다면 나중에 더 큰 결과를 얻습니다. 이와 같이 흐름에 따르는 일을 모르는 사람은 없습니다만, 실제로 그 흐름에 순응하는 사람은 많지 않습니다.

사례 | 오로지 하늘의 뜻만 따랐던 이순신

이순신 장군은 주역의 수괘需卦에 가장 충실한 사람이었다. 자신에게 불리하든 유리하든 따지지 않고 하늘의 뜻에 따르는 태도를 보였다. 하늘의 뜻에 어긋나는 일을 보고 참지 못한 적이 여러 번 있었다. 그중에서도 상관의 부당한 인사에 반대해 좌천되기도 하고, 상관의 부정한 행위를 반대하다가 미움을 산 적도 있다. 심지어는 임금의 명령까지도 거부함으로써 자신의 신념은 하늘에 있는 것임을 분명히 했다.

하늘이 보고 있다는 관괘觀卦와 더불어 수괘需卦에서 말하는 하늘 뜻에 순종하라는 양심의 지시에 따라서 이순신은 부정不貞에 결코 굴복하지도 않았고 자신의 목숨을 구걸하지도 않았다.

이순신의 행적을 통해 유추해볼 때 이순신은 주역에 통달했음을 짐작할 수 있다. 수괘需卦와 관괘觀卦를 충실히 따랐던 것은 물론이거니와, 주역 전체를 관통하는 흐름을 정확히 짚었던 것으로 평가된다. 거의 모든 전투를 이겨놓고 싸웠다는 점에서부터 시작해서 이순신의 전략과 행동을 보면 마치 자신이 이 세상의 주인인 것처럼 행동했고, 자신의 인생에서 스스로 용龍이었던 것을 알 수 있다.

수隨에서는 장부가 소인이나 할 일을 떠맡았을 때 어떻게 해야만 하는지를 말하고 있습니다. 아무도 가려고 하지 않는 부서로 발령이 났을 때 사람들은 어떤 반응을 보일까요? 그 어떤 일이 주어지든지 묵묵히 자신의 일에 최선을 다하는 것이 옳겠지만, 그렇게 하는 사람이 많지는 않을 것입니다.

수隨에서는 하찮은 일을 하는 부서로 발령이 났다고 해도 그것을 하늘의 뜻으로 받아들이기를 권합니다. 하찮은 부서로 밀려났을지라도 이를 탓하지 않고 주어진 일을 열심히 하다보면 다시 중요한 직책으로 옮겨갈 수 있습니다(계장부 실소자係丈夫 失小子).

항상 돌고 도는 것이 주역의 원리죠. 이 원리에 따라서 묵묵히 일한다면 언젠가는 자신이 원하는 위치에 가 있을 것입니다.

하늘의 뜻을 믿고 따라야 합니다. 그러면 기쁜 일이 있다고 합니다. 자기에게 주어진 역할을 하늘의 뜻으로 믿고 언제나 성실한 자세로 일한다면 반드시 기쁜 일이 옵니다.

---

17. 隨 元亨利貞 无咎
수 원형리정 무구

① 官有渝 貞 吉 出門交 有功
관유유 정 길 출문교 유공

② 係小子 失丈夫
계소자 실장부

③ 係丈夫 失小子 隨 有求得 利居貞
계장부 실소자 수 유구득 리거정

④ 隨 有獲 貞凶 有孚 在道以明 何咎
수 유획 정흉 유부 재도이명 하구

⑤ 孚于嘉 吉
부우가 길

⑥ 拘係之 乃從維之 王用亨于西山
구계지 내종유지 왕용형우서산

18
고蠱 : 새로 시작하는 일은 언제나 힘들다

고蠱는 독벌레를 말합니다. 그릇명皿에 벌레충蟲가 득실거리는 모양을 나타내는 글자가 고蠱입니다.

고대에 일반 백성이 져야 할 3대 의무가 있었습니다. 곡식으로 내는 세금과 더불어 전쟁에 나가야 하는 의무가 있었고, 노동력을 제공해야 할 부역負役의 의무가 있었습니다.

요즘에는 그런 일이 없지만, 새마을 운동이 벌어지던 1970년대까지만 해도 법으로 정하지는 않았지만 부역負役이 존재했었습니다. 청소를 하거나 마을길을 넓히거나 하천을 정비하는 등의 일을 할 때 마을 주민들이 무보수로 동원되어 일을 했습니다. 이것이 일종의 부역負役입니다.

아무리 정부가 하는 일이라고 해도 요즘에는 무보수로 노동력을 동원하면 불법이죠. 하지만 1970년대까지만 해도 사람들은 부역負役을 불법이라고 생각하지 않았습니다. 왜냐하면 공익을 목적으로 한 것이기 때문입니다.

고대에 역役 또는 부역負役은 전쟁에 나가는 것보다 더 힘들었습니다. 성을 쌓는 등의 부역에 동원되면 살아서 고향으로 돌아가기 힘든 경우가 많았습니다. 먹을 것도 제대로 주지 않으면서 힘든 일을 시키다 보면 굶주림에 시달리고 다치기 일쑤였습니다. 치료를 제대로 받지 못해 죽는 사람이 한둘이 아니었습니다.

전쟁과 달리 부역은 십년 이상 지속되기도 합니다. 그 기간에 살아서 고향으로 간다는 것은 꿈도 못 꿉니다. 부역에 동원되면 일하다가 죽는다고 생각해야 했습니다.

일단 부역에 징발되면 죽은 목숨입니다. 사랑하는 아내와 가족을 등지고 부역에 끌려가는 백성을 생각해보십시오. 가슴이 찢어집니다.

부역에 끌려가는 고통, 그것이 바로 고鼈입니다. 부역에 끌려가 힘든 일을 하는 사람들에게는 즐거움이 없습니다. 하루하루가 고통입니다. 그들이 하는 유일한 즐거움이 하나 있었는데, 바로 독벌레 싸움입니다.

사람들이 각자 독벌레 한 마리씩을 잡아 옵니다. 그 독벌레를 며칠간 굶겨서 약이 오를 대로 오르게 합니다. 그 다음 각자의 독벌레를 한 그릇에 넣습니다. 굶주린 독벌레들이 서로 치열하게 물어뜯고 싸웁니다. 그 싸움에 승리한 벌레는 다른 벌레를 모두 먹어치웁니다. 그렇게 승리한 독벌레를 고鼈라고 부르죠.

주역 상편의 2차 과정은 독벌레를 뜻하는 고鼈로 시작합니다. 극도의 스트레스 상황에서부터 시작하는 거죠.

사례 김 사장의 창업 스트레스

김 사장은 정년퇴직을 하고 퇴직금으로 3억 원을 받았다. 이 돈으로 피자집을 내게 되었다. 피자집을 내는 데 2억 원이 들었다. 남은 현금 1억 원은 비상금이다. 2억 원이란 돈은 임차보증금과 권리금, 인테리어를 비롯한 각종 비품을 사는 데 들어갔다. 돈이 들어갈 때마다 김 사장은 가슴이 철렁 내려앉는다. 나중에 벌면 되지만, 당장 현금이 통장에서 사라질 때마다 가슴이 두근거린다. 평생 직장생활만 하다가 처음 하는 창업이어서 더욱 가슴을 졸인다. 장사가 잘 될지, 아닐지 아직 아무것도 모른다. 잘 될 것이라는 희망을 가지고 시작하지만, 자영업 하다가 망했다는 소문을 들을 때마다 머릿속이 하얘진다. 어마어마한 스트레스에 시달린다. 온종일 가게 내느라고 바쁘게 뛰어다니다가 저녁에 잠자리에 들어도 잠이 오질 않는다. 어릴 적 생각도 나고, 불현듯 세상을 뜨신 아버지 생각이 난다. 아내가 옆에서 자고 있는데도 그 얼굴이 자꾸만 아른거린다. 조여오는 중압감에 잠을 이루지 못한다. 가게 문을 열었다. 손님들이 찾아올 때마다 가슴이 설렜다가 두근거렸다 한다.

평생 직장 생활을 하던 사람이 퇴직해 처음 사업을 시작한다고 해보죠. 그 스트레스는 상상 그 이상일 것입니다.

주공(周公)이 형인 무왕을 도와 주(周)나라를 세울 때, 주공은 고(蠱)가 무엇인지를 뼛속 깊이 체험했다. 더욱이 무왕과 주공은 주왕(紂王)이라고 하는 중국 역사상 최악의 폭군 시절을 보냈다. 언제 주왕에게 죽임을 당할지 모르는 살벌하고 고통스런 상황에서 살았던 것이다. 나라를 건국하기 전후에 얼마나 신경이 예민해지고 고통스러웠을지 짐작이 간다. 스트레스가 엄청났을 것이다. 그 스트레스 때문이었을까, 형 무왕은 건국 후 2년 만에 병이 들고 3년 후에 세상을 떠난다. 나라를 열면서 겪었던 무왕과 주공의 스트레스가 바로 고(蠱)에 해당한다.

주공은 주왕(紂王)이라고 하는 중국 역사상 최악의 폭군 시절에서 살고 있다. 언제 주왕에게 죽임을 당할지 모르는 살벌하고 고통스런 상황에서 살았다. 그 시절을 겪었던 주공의 스트레스가 바로 고(蠱)이다.

고(蠱)와 같은 상황에서는 우왕좌왕하기 쉽습니다. 아무리 강한 의지를 가진 사람도 중심을 잡기가 어렵습니다. 남들이 보기에 가엾을 정도로 중심이 흐트러지기도 합니다. 하지만 중도 포기는 없습니다. 끝까지 버텨야 합니다. 시간이 지나면 안정을 찾기 때문입니다. 큰일을 하려면 시작할 때의 고통은 참고 견뎌야 합니다.

18. 蠱 元亨 利涉大川 先甲三日 後甲三日
고 원형 리섭대천 선갑삼일 후갑삼일

①효 幹父之蠱 有子考 无咎 厲 終吉
간 부 지 고 유 자 고 무 구 려 종 길

②효 幹母之蠱 不可貞
간 모 지 고 불 가 정

③효 幹父之蠱 小有悔 无大咎
간 부 지 고 소 유 회 무 대 구

④효 裕父之蠱 往 見吝
유 부 지 고 왕 견 린

⑤효 幹父之蠱 用譽
간 부 지 고 용 예

⑥효 不事王侯 高尙其事
불 사 왕 후 고 상 기 사

19
임臨 : 행동하지 않으면
얻을 것도 없다

아빠가 먼저 읽고 자녀에게 추천하는 주역

    임臨이란 '행동을 하라'는 뜻입니다. 아무리 좋은 생각이나 전략도 실행하지 않으면 소용이 없습니다. 결과가 좋든 나쁘든 그것은 문제가 아닙니다. 실행을 하지 않는다면 그 어떤 결과도 없습니다.

    '구슬이 서 말이라도 꿰어야 보배'라는 말이 있습니다. 그렇습니다. 어떤 좋은 것도 실제로 하지 않는다면 아무 가치가 없습니다. 공부를 하겠다는 생각만으로 공부가 되는 것이 아니죠. 실제로 공부를 해야만 합니다. 그래야 진짜 공부입니다. 투자를 하지 않고서 성과를 바라지 마십시오.

사례 자유무역협정(FTA)

    국가 간의 관세를 완화하거나 철폐해 교역을 활성화하자는 자유무역협정(FTA, Free Trade Association)이 있다. 우리나라는 2004년 칠레와 최초로 체결한 이후 미국·유럽연합 등을 비롯해 많은 나라와 FTA를 체결했으며, 2015년 12월 20일에는 중국과도 체결했다.

FTA협상에서는 유리한 분야도 있고 불리한 분야도 있다. 특히 쌀과 같은 농산물의 경우에는 FTA체결에 따라서 관세가 낮아지는 경우 국내 농민들에게 타격을 줄 수 있다는 문제가 있다. 그러나 FTA를 외면하고 실행하지 않는다면 우리나라는 국제 교역에서 낙오되고 만다. 따라서 FTA의 실행을 안 하지 않을 수는 없다.

실행을 한다고 해서 원하는 결과가 나오는 것은 아닙니다. 어쩌면 실행을 하지 않은 것보다 나쁜 결과가 나올 수도 있습니다. 하지만 그것을 두려워해서는 안 됩니다. 지금 한 번 실패를 해도 실패의 경험은 남습니다. 다음번에는 그 실패를 피할 수 있습니다. 그러므로 무조건 실행을 하는 것이 답입니다.

세상에 욕심이 없는 사람은 없습니다. 행동에 지나치게 욕심이 개입되면 나중에는 흉한 일을 만납니다. 적당히 욕심을 부리는 것이 현명합니다. 행동을 함에 있어서 무리하지 말라는 뜻입니다.

무리한 행동은 나중에 나쁜 결과를 만들어냅니다. 100억 가진 사람은 200억 가지려 하고, 200억 가진 사람은 1,000억을 가지려 합니다. 그렇게 끝없이 욕심을 부리면 나중에 흉한 일을 만난다는 것입니다. 이를 일러 임臨에서는 8월에 이르면 흉한 일이 있다고 합니다.

8월이면 봄에 심은 곡식이 여물기 시작할 때입니다. 수확을 하기 직전이죠. 이 무렵에 흉한 일을 당하면 곡식을 모두 망쳐버릴 수 있습니다.

실행함에 있어서 거듭 조심하기 바랍니다.

행동하는 과정에서 자기 잇속만 챙기는 무리를 만나기도 합니다. 이들이 일을 망쳐버릴 수 있습니다. 공동의 이익보다는 자기의 개인적 이익에 집착하는 사람들이 일을 망치기도 합니다. 하지만 이러한 상황은 어쩔 수 없습니다.

자기의 이익에 집착하는 것이 사람의 본성입니다. 다만, 그들의 행동이 전체를 망가뜨리지만 않으면 됩니다. 어떤 때는 그런 소인들의 행동을 모른 체하고 지나가는 것이 더 유리한 경우도 있습니다.

---

19. 臨 元亨利貞 至于八月有凶
림 원형리정 지우팔월유흉

①咸臨 貞 吉
함림 정 길

②咸臨 吉 无不利
함림 길 무불리

③甘臨 无攸利 旣憂之 无咎
감림 무유리 기우지 무구

④至臨 无咎
지림 무구

⑤至臨 大君之宜吉
지림 대군지의길

⑥敦臨 吉 无咎
돈림 길 무구

20
관觀 : 하늘은 모든 것을
보고 있다

하늘은 다 볼 수 있고 다 알고 있습니다. 사람들의 모든 행동과 생각은 하늘을 벗어나지 못합니다. 이것이 바로 관觀의 핵심 내용입니다.

관觀은 관이불천盥而不薦이라는 말로 시작하는데요, 관觀과 관盥이란 한자어가 절묘한 조화를 이룹니다. 무슨 말이냐고요? '보다'는 뜻의 관觀과 그릇의 물을 두 손으로 퍼서 씻는 모양을 나타낸 관盥이란 말이 묘한 대조를 이룬다는 거죠.

관觀은 제물을 씻고도 제사상에 올리지 않았다고 합니다. 제사 음식을 잘 씻었는데 제상에 안 올린 것을 보고 있는 것입니다. 누가 볼까요? 하늘이 보고 있는 거죠.

사람들은 씻어놓은 제사 음식을 제상에 안 올리면 불경하다고 생각합니다. 하지만 하늘은 달라요. 씻은 정성만으로도 하늘은 이미 그 마음을 보는 것입니다. 제상에 음식을 안 올렸어도 제상에 올리기 위해서 정성껏 음식을 씻었다면 그 마음이 하늘에 닿게 됩니다.

하늘은 모든 것을 다 보고 있습니다. 그 사람이 얼마나 성실하게 사는지를 다 봅니다. 사람들이 알아주지 않아도 하늘은 이미 다 보고 압니다.

그러니 남들이 알아주든 그렇지 않든 정성을 다해야 합니다.

관㶤이란 내가 사는 것이라고도 합니다. 하늘이 바라는 것은 내가 하늘 뜻에 따라 살아가는 것입니다. 내가 죽는 것이 아니죠. 하늘은 나를 죽게 내버려두지 않습니다. 하늘은 생명이 다하는 그날까지 나를 지켜줍니다. 나 역시 하늘의 뜻에 따라 나의 생명을 잘 보존할 의무가 있습니다.

사례 스스로 사는 길을 보고 있는 이순신

1597년 이순신 장군이 선조의 명을 어기면서까지 부산포 출전을 거부한 것은 스스로 살기 위함이었다. 이순신은 부산포를 치다가 대패하게 되면 나라도 빼앗길 뿐만 아니라 자신도 살 수 없음을 알았다. 그렇다면 지금까지 싸워 온 모든 것들이 물거품이 되고, 나라는 왜군에게 완전히 짓밟힐 수도 있었다. 그 상황에서 자신의 목숨도 역시 부지할 수 없었다.

여기서 궁금한 것은 부산포로 출전하면 대패를 할 것이라는 이순신의 판단이다. 이순신은 전투에서 한 번도 져본 적이 없었다. 따라서 세상 사람 누구나 이순신이 출전하면 승리할 것으로 믿을 수밖에 없었다. 그런데도 이순신은 임금의 명을 어겨가면서까지 출전하지 않았다. 왜? 부산포로 출전하면 대패할 것이 뻔했기 때문이었다. 이순신은 미래를 훤히 읽고 있었다.

이 일로 이순신을 옥에 잡아 가두고 원균에게 조선 수군을 맡겼더니 칠천량에서 대패해 조선 수군이 궤멸지경에 이르렀다. 무엇이 내가 사는 것인지를 볼 수 있었던 이순신, 그는 하늘의 뜻을 읽어내는 득도 得道한 인물이 아니었을까?

내가 살지 못한다면 주역 자체가 필요없습니다. 내가 이 세상에 없는데, 주역인들 소용이 없죠. 하늘도 소용이 없습니다. 그래서 항상 나는 나의 몸과 마음을 잘 보존해야 합니다.

하늘이 나를 보고 있듯이, 나 역시 다른 사람을 봅니다. 하늘이 나를 보며 지켜주듯이 나 역시도 다른 사람을 보면서 지켜줘야 합니다(관기생 觀其生). 사람들이 서로가 서로를 보면서 서로를 지켜줄 때 이 사회는 바람직한 사회가 됩니다.

---

20. 觀 盥而不薦 有孚顒若
   관 관이불천 유부옹약

①童觀 小人无咎 君子吝
   동관 소인무구 군자린

②闚觀 利女貞
   규관 리여정

③觀我生 進退
   관아생 진퇴

④觀國之光 利用賓于王
   관국지광 리용빈우왕

⑤觀我生 君子 无咎
   관아생 군자 무구

⑥觀其生 君子 无咎
   관기생 군자 무구

21

서합噬嗑 : 음식을 가려서 씹으면 좋은 일이 생긴다

아빠가 먼저 읽고 자녀에게 추천하는 주역

서합噬嗑이란 '음식을 씹어먹는다' 는 뜻입니다. 요즘에는 잘 쓰지 않는 말입니다. 서합噬嗑은 음식을 씹어먹는 것에 관한 내용을 다루고 있습니다.

고대에 사람들끼리 다투는 일 중 가장 큰일은 먹고 사는 것이었습니다. 세끼 밥 먹는 것 보다 더 중요한 것은 없었죠.

식량때문에 전쟁이 나곤 합니다. 그만큼 음식을 씹는 일은 생명유지에 중요합니다. 식량때문에 사람들 간에 다툼이 일어나면 이를 원만히 해결하는 방법으로 법을 적용합니다. 잘못된 생각이나 욕심때문에 남의 식량을 탐하는 사람은 벌을 줘야 합니다.

먹고 사는 문제에 있어서는 사리에 맞는 처신이 쉽지 않습니다. 며칠 굶어 보세요. 눈이 뒤집히죠. 고대에는 식량때문에 발생하는 분쟁을 다루기가 참 어려웠을 것입니다.

먹고 사는 것 자체가 최대의 관심사였던 시절에 공부를 하기 위해서 학교에 가는 것은 부자들이나 할 수 있는 사치 중의 사치였습니다. 학교에 공부하러 갈 수 있는 사람은 소수의 특권층이었죠. 그래서 서합에서는 학교에 가더라도 발자국을 남기지 말라고 합니다. 절대로 남들에게 학교 다니는 티를 내지 말라는 것입니다.

세끼 밥을 먹기도 어려운 시절에 배부르게 밥 먹고 공부까지 할 수 있는 처지에 있는 사람이 학교 다닌다고 자랑하고 다니면 안되죠. 다른 사람에게 위화감을 주기 때문입니다.

사회가 늘 안정적이지는 않습니다. 어쩌다 보면 전쟁이 터지기도 합니다. 전쟁이 나면 배를 곯고 천시당했던 사람들이 자신을 멸시했던 사람을 찾아 보복을 하곤 합니다. 역사상 그런 일이 자주 일어났습니다. 권세가 있다고 함부로 행동하면 나중에 큰 화를 당할 수 있기 때문에 평상시 덕으로 사람들을 대하는 것이 필요합니다.

사례　반기문 유엔 사무총장

반기문 유엔 사무총장의 자녀 결혼식에 관한 얘기다. 외교부 장관 시절에 있었던 큰 딸의 결혼식은 청와대에서도 몰랐다고 하고, 둘째 딸은 아예 아프리카에서 결혼식을 올렸었다. 외아들 결혼식은 유엔 사무총장이 된 후였는데, 결혼식을 마치고 난 뒤에 반기문 총장은 아들을 비밀리에 결혼시켜서 미안해 했다고 한다. 반기문 총장은 남들에게 티 내지 말라고 한 서합의 뜻을 실천했다. 반기문 총장의 이런 처신이 바람직한지, 아닌지에 대한 논란이 있을지는 몰라도 남들에게 부담을 주지 않겠다는 그 뜻은 대단한 것이었다.

서합^{噬嗑}에서는 고기를 구워먹더라도 이웃에게 냄새를 풍기지 말라고 합니다. 밥 세기 먹기도 힘든 시절에 이웃에게 냄새를 풍기며 고기를 구워먹는다면 이웃의 기분이 좋을 리가 없습니다.

고기 냄새를 마구 풍겨가며 자신을 과시한다면 이웃의 반감을 삽니다. 그 반감이 쌓이면 나중에 화가 되어 돌아올 수도 있겠지요.

사람이 사리에 맞게 처신을 하면 서합^{噬嗑}에서는 말린 밥을 먹다가 금화살을 얻거나 말린 고기를 먹다가 황금을 얻는다고 합니다. 오랜 세월 사리에 맞게 살아왔기 때문에 반기문 외교부장관이 한국인 최초로 유엔 사무총장까지 할 수 있었는지도 모릅니다. 사리 분별이 확실하고 남을 배려할 줄 아는 도리를 실천하는 사람이라면 반드시 좋은 일을 만나게 되어 있습니다.

서합^{噬嗑}은 귀를 없애면 흉하다는 말로 마감합니다. 무슨 말일까요? 귀가 없으면 남의 말을 듣지 못합니다. 남의 말을 무시하고 살게 되면 언젠가는 그것이 화가 되어 돌아오겠죠?

---

21. 噬嗑 亨 利用獄
　　서합　형　리용옥

①a 屨校滅趾 无咎
　　구　교 멸 지 　무구

②a 噬膚 滅鼻 无咎
　　서 부 멸 비 　무 구

③a 噬腊肉 遇毒 小吝 无咎
　　서 석 육 　우 독 　소 린 　무 구

④a 噬乾胏 得金矢 利艱貞 吉
　　서 건 자 　득 금 시 　리 간 정 　길

⑤a 噬乾肉 得黃金 貞厲 无咎
　　서 건 육 　득 황 금 　정 려 　무 구

⑥a 何校 滅耳 凶
　　하 교 　멸 이 　흉

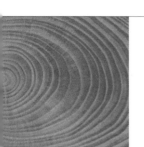

22

비賁 : 평범하게 꾸미는 인생이 아름답다

비賁란 '꾸민다'는 뜻입니다. 무늬를 꾸미는 것이죠.

무늬는 원래 나무의 나이테에서 유래했습니다. 해가 바뀌면 나이테가 하나씩 늘어납니다. 나이테와 같은 무늬는 세월이 가면 어느 나무에서나 늘어납니다. 특별할 것이 없음에도 불구하고 나이테는 아름답습니다.

사람의 일생이란 나무의 나이테와 다르지 않습니다. 긴 세월 동안 일생을 꾸미며 사는 것이 인생입니다. 큰일을 하지는 못했어도 열심히 살아온 흔적은 아름답죠. 아름답지 않은 나이테가 없듯이 아름답지 않은 인생은 없습니다.

인생은 그 가치를 비교할 수 없습니다. 누구에게나 삶은 중요하고 존중받아야 합니다. 사람의 인생을 재는 저울이 있다고 해보겠습니다. 그 저울로 사람의 가치를 잰다고 하면 어떤 값이 나올까요? 어떤 사람은 가치가 크고 다른 어떤 사람은 가치가 낮을까요? 그렇지 않습니다.

모든 사람의 인생은 같은 값을 가집니다. 갓 태어난 아기나 성인이나 그 가치에는 높고 낮음이 없습니다. 이는 모든 사람에게 동일한 인권이 적용되는 이론적 바탕입니다.

비眞는 그 발걸음이 머무는 집이고 수레가 다니는 길이라고 합니다. 집에 머무는 발걸음은 하나도 특이하지 않습니다. 집에 발걸음이 머무는 것은 너무 당연하죠. 수레가 다니는 길 또한 너무나 평범합니다. 이것이 인생입니다. 인생을 꾸며간다는 것은 평범 그 이상으로 더 평범합니다.

살다 보면 비에 젖는 일도 있습니다. 가끔은 힘든 일도 있다는 거죠. 비에 젖듯이 힘든 일이 있다고 해서 그 인생에 문제가 있는 것이 아닙니다. 누구에게나 힘든 일은 있습니다. 누구나 허점이 있고, 누구나 흠결이 있습니다. 이 세상에 완벽한 사람은 없습니다. 허점이 많은 삶이 평범한 것입니다.

비眞는 하얗게 센 머리카락이고 백마의 날개와도 같다고 합니다. 평범하게 살다보면 어느새 머리카락이 흰 빛이 됩니다. 그 흰 머리카락이 마치 백마의 날개처럼 휘날립니다. 인생의 경륜은 이처럼 아름답습니다. 어떤 삶의 과정을 거쳐 왔든 지난 세월을 돌아보면 백마의 날개처럼 아름답습니다.

사람들이 알아주지 않아도 누구나 인생은 빛이 납니다. 뽕나무 심어 누에 기르며 산다고 해도 그 삶이 하찮을 수 없습니다. 나이가 들어 지난 세월을 돌아보면 인생이란 하얀 백지 위에 그린 그림과 같습니다. 그 그림을 다 지우면 다시 하얗게 됩니다. 이것이 진짜 인생이죠. 하얀 백지 위에 그림을 그렸다가 다시 지우고 나면 도인道人이 됩니다. 세상의 이치를 터득하는 것이죠. 결국 모든 인생은 하얀 백지인 것입니다.

주역에서 비괘眞卦는 가장 평범한 괘이면서 가장 비범합니다. 모든 사람들이 평범하게 살아간다면 이 세상은 유토피아입니다. 모든 사람들이 용龍인 세계뿐만 아니라 모든 사람들이 다 평범한 사회도 완전한 사회입니다. 잘난 사람도 없고 못난 사람도 없는 평화로운 세상이 유토피아가 아닐 수 없죠.

누구나 평이하게 삶을 꾸며가며 사는 사회, 그것이 땅에서 이루어질 수 있는 가장 이상적인 사회입니다. 대학^{大學}에서 공자께서 모든 사람들이 자신에게 정해진 역할을 다하며 산다면 그것이 최고의 사회라고 했듯이 말입니다.

---

22. 賁 亨 小利有攸往
비 형 소 리 유 유 왕

① 賁其趾舍車而徒
　비 기 지 사 거 이 도

② 賁其須
　비 기 수

③ 賁如 濡如 永貞 吉
　비 여 유 여 영 정 길

④ 賁如 皤如 白馬翰如 匪寇 婚媾
　비 여 파 여 백 마 한 여 비 구 혼 구

⑤ 賁于丘園 束帛 戔戔 吝 終吉
　비 우 구 원 속 백 전 전 린 종 길

⑥ 白賁 无咎
　백 비 무 구

23

박^剝 : 남을 비웃으면 쓰라린 일을 당한다

칼로 무언가를 깎는 것을 박^剝이라고 합니다. 박^剝은 깎는다는 말과 더불어 쓰라린 일을 겪는다는 뜻이기도 합니다. 칼로 베인 상처도 박^剝입니다.

상^床을 깎는 장인을 보면서 말합니다.

"그 정도는 발로도 깎겠다."라며 상을 깎는 장인을 비웃는 거죠. 말로는 못 할 것이 없습니다. 자기는 하지도 못하면서 남의 결점을 들추는 사람이 얼마나 많은지 셀 수도 없습니다. 프로 기사 바둑을 보고서도 훈수를 둡니다. 훈수는 뺨 맞아가면서도 둔다는 말이 있을 정도로 사람들은 남의 결점을 들추기 좋아합니다. 자신의 실력이 형편없음은 생각하지 않고 훈수를 두는 사람들이 많습니다. 그래서 주역의 박괘^{剝卦}에서는 '발로도 깎는다' 고도 하고 '말로만 깎는다' 고도 합니다.

'자기 눈에 들보가 들어있는 것은 모르고, 남의 눈의 티끌 꺼낸다' 와 '내가 하면 로맨스, 남이 하면 불륜' 이라는 말이 있습니다.

남들을 비웃는 나는 어떤 사람이죠? 남을 비웃는 나야말로 더 형편없는 사람입니다. 이처럼 형편없는 사람은 무슨 일을 해도 이룰 수 있는 것이 없습니다. 남들을 비웃으면 결국은 나의 살점이 깎이고 맙니다.

남을 조롱한다고 그 사람에게 해가 가는 것이 아니라 나 자신이 해를 입습니다. 곤경에 빠졌을 경우를 생각해보죠. 박刹에서 군자는 수레를 얻지만 소인은 초막마저 깎여나간다고 말합니다. 군자는 수레를 얻어 어려운 상황에서 탈출하지만, 소인은 탈출하지 못하고 가진 초막마저 잃게 됩니다.

사례 배 12척으로 다시 일어선 배설

원균이 칠천량 전투에서 대패하고 경상우수사 배설裵楔은 배 12척을 가지고 도망을 쳤다. 이후 감옥에서 풀려난 이순신은 곧장 남해안으로 가서 배설裵楔의 12척을 접수했다. 배설이 배 12척을 가지고 도망을 친 것은 크게 벌할 일이지만, 이순신에게는 그 배들이 천운이었다. 배설이 배 12척을 가지고 도망치지 않고 싸우다가 그마저 다 잃었다면 이순신은 명량해전에서 재기하기 어려웠을 것이다. 아무리 험한 상황이라고 해도 군자가 수레를 얻을 수 있었듯이 이순신에게 배설이 가지고 도망친 배 12척은 하늘이 내려준 보물이 아니었을까?

다음 사례는 박刹에서 군자가 수레를 얻는다고 한 말의 참뜻을 잘 보여주고 있습니다.

명불허전^{名不虛傳}이라는 말의 주인공인 맹상군^{孟嘗君}(?~BC279)은 전국시대 제나라의 왕족이었다. 그는 어느 누구도 천대하지 않았고, 재주가 있다면 누구나 다 거두어 주는 사람이었다. 식객 중에 개 흉내를 잘 내는 사람과 닭 울음소리를 잘 내는 사람이 있었는데, 다른 사람들은 이들을 노골적으로 무시했지만 맹상군은 그들을 무시하지 않고 잘 대해 주었다. 맹상군이 위기에 처했을 때 개 흉내를 잘 내는 사람이 백호구라는 여우 털옷을 훔쳐다가 왕에게 바쳐서 맹상군을 위기에서 구했다. 이후 맹상군이 도망을 치는데, 닭 울음소리가 들려야 성문을 여는데 아직 새벽이 되지 않아 닭 울음소리가 들리지 않자 닭 울음소리를 잘 내는 사람이 닭처럼 울어서 병사들이 성문을 열어주었다. 맹상군은 남을 절대로 비웃지 않았던 군자였기에 남들의 도움을 받아서 사지^{死地}에서 탈출할 수 있었다.

아빠가 먼저 읽고 자녀에게 추천하는 주역

---

23. 剝 不利有攸往
박 불리유유왕

⑯ 剝牀以足 蔑貞 凶
박 상 이 족 멸 정 흉

⑮ 剝牀以辨 蔑貞 凶
박 상 이 변 멸 정 흉

⑭ 剝之无咎
박 지 무 구

⑬ 剝牀以膚 凶
박 상 이 부 흉

⑤ 貫魚 以宮人寵 无不利
관 어 이 궁 인 총 무 불 리

⑥ 碩果不食 君子 得輿 小人 剝廬
석 과 불 식 군 자 득 여 소 인 박 려

24

복復 : 세상일은 늘 반복된다

이 세상에서 반복되지 않는 일은 없습니다. 해가 뜨는 일, 계절이 바뀌고 해가 가는 일, 태어나고 살다가 죽는 일 등 모든 것이 반복입니다. 그래서 반복하는 것은 좋은 것입니다. 사람들은 매일 반복적으로 세끼 밥을 먹습니다.

복復에서는 7일이면 복復이 온다고 말합니다. 사람이 결심한 것을 7일간 반복할 수 있다면 무슨 일이든 할 수 있다는 말입니다. 7일간 꾸준히 실천한다면 반드시 결실이 온다는 뜻입니다. 그만큼 반복은 중요합니다.

살아온 인생을 가만히 살펴보세요. 어떤 일을 추진하면서 7일을 버틴 적이 얼마나 있었을까요? 7일만 반복하면 몸에 배어 그 일을 실행할 수 있는데 3일도 못 버티지는 않았는지 따져보세요.

글을 배우지 못해서 평생 글을 못 읽던 사람도 죽을 각오하고 7일만 반복하면 글을 읽을 수 있습니다. 그 7일을 제대로 못해서 70년을 까막눈으로 살아가는 사람들도 있죠. 습관, 운동, 학습, 사업, 예술 기타 이 세상의 그 무엇이든 7일 밤낮으로 반복하면 그 반복이 몸과 하나가 됩니다. 이를 체화體化, embodiment라고 하죠.

아무리 입에 맞지 않는 음식도 7일만 꾸준히 먹으면 이후부터는 먹는 데 큰 지장이 없습니다. 낯선 환경에 적응하는 데 걸리는 시간 역시 7일을 넘지 않습니다. 처음 7일이 어려운 것이지, 7일만 반복할 수 있다면 적응하지 못할 일이 없습니다.

큰일을 하려고 한다면 시작 시에 단단히 마음먹고 꾸준히 실행을 해야 합니다. 7일도 반복하지 못하면서 큰일을 어찌 해낼 수 있을까요!

7일은 큰일을 실행하기 위한 커트라인 같은 것입니다. 누구나 7일을 못 견뎌서 실행에 옮기지 못하는 일이 한두 번이 아니었을 것입니다. 학교 다니던 시절에는 시험 전 7일만 죽어라 공부했으면 성적이 훨씬 나았을 것이며, 7일만 참았더라면 친구와 다투고 헤어지는 일도 없었을 것이고, 7일만 제대로 연습했더라면 콩쿠르^{concours}에서 우승을 했을지도 모릅니다.

반복하는 일은 대부분 좋은 결과를 가져다줍니다. 하지만 반복만으로 모든 일이 끝일까요? 일정한 시간이 지났음에도 불구하고 성장이 없는 반복은 어리석은 반복입니다.

반복하는 것이 이 세상의 이치이지만, 성장하는 것 또한 세상의 이치입니다. 반복만 하다가 망하는 경우도 흔치 않게 봅니다. 이를 헤맨다고 하여 미복^{迷復}이라고 합니다.

사례 **폴라로이드 카메라의 몰락**

1948년 미국에 '폴라로이드'라고 하는 회사가 즉석카메라를 판매하기 시작했다. 사람들은 폴라로이드 카메라에 열광했다. 당시에 실시

간으로 사진을 찍어볼 수 있다는 것은 엄청난 사건이었다. 하지만 50여 년이 지난 2001년 폴라로이드는 파산했고, 다른 회사에 인수되었다가 2007년 폴라로이드 카메라 생산마저 중단했다. 이 회사는 폴라로이드 생산만 반복하고 있었고, 다른 제품은 제대로 출시하지 못했다. 디지털 시대를 맞이해 한 단계 진화하지 못한 폴라로이드는 결국 역사 속으로 사라지고 말았다.

진화하지 못하고 반복만 하면 도태되고 맙니다. 오늘날 잘 나가는 기업들 중에도 진화에 실패하고 무한 반복만 하고 있다면 머지않아 기억 속으로 사라지는 비운을 맞게 되겠지요. 안타깝지만 성장이 멈춰버린 반복은 곧 그 힘을 잃어버립니다.

끝없이 반복하면서도 혁신을 통해 성장하고 있는 다음의 3M 사례도 참조하십시오.

사례   3M의 부단한 혁신

3M은 스카치테이프로 유명하다. 이 회사가 끝없이 발전을 거듭할 수 있었던 데는 그만한 이유가 있다. 이 회사의 제품은 일반적으로 널리 사용하는 평범한 제품으로 신기술과는 거리가 있는 제품들이어서 그냥 반복적으로 제품을 생산해도 먹고 살 수 있었다.

하지만 3M은 단지 먹고사는 데 머무르지 않았다. 3M은 1990년에 결단을 내렸다. 회사의 전체 매출 중 5년 이내의 제품을 25% 이상으로 유지하자는 결정을 한 것이다. 최근 5년 이내 신제품이 25% 이상이어야 한다는 전략을 세웠다.

3M은 1990년대 중반에 더욱 강화된 조건을 내걸었다. 그 조건은 매출의 30% 이상을 4년 이내 제품으로 채우는 것과 10% 이상을 1년 이내 제품으로 채우는 것이었다. 2000년대 들어서는 매출의 40% 이상을 4년 이내 제품으로 채우는 전략을 채택했다.

3M 제품은 늘 반복적으로 사용되는 제품이다. 하지만 3M은 반복에만 안주하지 않고 혁신을 거듭했다. 반복과 혁신을 지속한 3M은 경쟁자들이 따라오기 힘든 위치를 굳건히 지켜내고 있다.

아빠가 먼저 읽고 자녀에게 추천하는 주역

---

24. 復 亨 出入无疾 朋來无咎 反復其道 七日來復 利
    복 형 출입무질 붕래무구 반복기도 칠일래복 리
    有攸往
    유유왕

①初 不遠復 无祗悔 元吉
    불원복 무지회 원길

②休復 吉
    휴복 길

③頻復 厲 无咎
    빈복 려 무구

④中行 獨復
    중행 독복

⑤敦復 无悔
    돈복 무회

⑥迷復 凶 有災眚 用行師 終有大敗 以其國君 凶 至于十年
    미복 흉 유재생 용행사 종유대패 이기국군 흉 지우십년
    不克征
    불극정

25

무망无妄 : 바르게 살면 한 번은
횟재가 있다

바르게 살면 좋은 일이 생깁니다. 이것이 무망无妄입니다. 망령되지 않
은 삶은 늘 바람직한 결과를 가져다줍니다. 무망에서는 개간을 안 했는
데 새 밭이고, 밭을 갈고 씨 뿌리지도 않았는데 수확할 것이 있다고 합
니다. 바르게 살면 하늘에서 복을 줍니다. 하지만 하늘이 반복해서 복을
줄까요? 그렇지 않습니다.

사례 수주대토

한 성실한 농부가 우연히 나무 그루터기에 부딪쳐서 죽은 토끼를 얻
었다. 그 토끼를 맛있게 요리해 먹었다. 다음 날부터 그 농부는 일은
하지 않고 나무 그루터기에서 토끼가 부딪쳐 죽기만을 기다렸다. 그
렇게 날이 가고 달이 갔다. 농부의 농사는 어찌 되었을까?

바른 삶에 대한 보상은 한 번으로 족합니다. 두 번은 없습니다. 이런 점을 고려하지 않는 멍청한 사람은 또 다시 불로소득이 생기기만을 바랍니다. 바른 삶을 사는 사람에게 한 번 행운이 왔다고 반복해서 행운이 오는 것은 결코 아니란 것을 알아야 합니다. 복권에 한 번 당첨됐다고 두 번 당첨이 된다는 보장이 없는 것과 마찬가지죠.

사례 행운은 여러 번 반복되지 않는다

두 번이나 대통령을 당선시키는 데 공을 세워서 킹메이커King Maker란 별명을 얻은 정치인이 있었다. 세 번째로 이회창 후보를 대통령에 당선시키기 위해서 노력했으나 이회창 후보는 김대중 후보에게 패하고 말았다. 대통령 당선이 어떤 한 사람의 노력으로만 이루어지는 것이 아니다.

노무현 대통령은 후보시절 지지도가 형편없었으나 대통령에 당선됐다. 그렇다고 해서 지지율이 낮아도 대통령이 될 수 있다는 것은 아니다. 그런 행운은 두 번 반복되지 않는다. 정성을 다하면 하늘이 한 번은 도와주지만 두 번은 아니다. 땀 흘려 일하지 않고 단지 정성된 마음으로만 얻으려고 하면 결국 재앙을 맞이하게 된다.

꿈이 이루어지지 않는 것은 꿈을 생생하게 꾸지 않았기 때문이라고 하면서 더욱 더 꿈을 생생히 꿀 것을 강조하는 책들이 베스트셀러가 됐던 적이 있었습니다. 하지만 무망无妄에 의하면 이런 유형의 책은 사람들

아빠가 먼저 읽고 자녀에게 추천하는 주역

로 하여금 일은 안 하고 토끼가 지나가다 그루터기에 부딪쳐 죽기만을 기다리는 것과 같습니다.

하늘은 항상 공정합니다. 망령됨이 없이 바르게 사는 사람에게 행운을 줍니다만, 그 행운은 절대로 반복되지 않습니다. 그 행운은 한 번뿐입니다. 무망无妄에 따르면 두 번 세 번 행운을 바라면 그것은 재앙을 부르는 것과 같습니다. 아무리 생생하게 꿈꿔도 한 번 이상은 이루어지지 않습니다.

꿈에만 매달리기보다는 열심히 땀을 흘려 일하십시오. 그것이 훨씬 더 값진 인생입니다. 꿈만 꾸면 이루어지는 것이 아니라, 열심히 살면 이루어집니다.

25. 无妄 元亨利貞 其匪正有眚 不利有攸往
무 망 원 형 리 정   기 비 정 유 생   불 리 유 유 왕

① 无妄 往 吉
무 망 왕 길

② 不耕 穫 不菑 畬
불 경 확 불 치 여

③ 无妄之災 或繫之牛 行人之得 邑人之災
무 망 지 재 혹 계 지 우 행 인 지 득 읍 인 지 재

④ 可貞 无咎
가 정 무 구

⑤ 无妄之疾 勿藥 有喜
무 망 지 질 물 약 유 희

⑥ 无妄 行 有眚 无攸利
무 망 행 유 생 무 유 리

26

대축大畜 : 재물이 크게 넘쳐난다

아빠가 먼저 읽고 자녀에게 추천하는 주역

　재물이 크게 쌓인다는 뜻을 가진 대축大畜은 주역 상편 2차 과정의 목적지입니다. 고蠱에서 시작된 과정이 대축에서 결실을 맺습니다.

　대축은 수레의 바퀴살이라고 합니다. 수레의 바퀴살이 대단한 것은 아니지만, 바퀴살이 없으면 수레가 굴러갈 수 없습니다.

　재물이 삶의 전부는 아닙니다. 하지만 재물이 없이 삶을 살 수는 없습니다. 바퀴살이 없는 수레는 재물이 없는 삶과 같습니다. 그래서 대축을 가리켜 수레의 바퀴살이라고 한 것입니다. 그만큼 삶에서 재물은 중요합니다.

　재물이 삶에서 가장 중요하지만 재물이 삶 그 자체는 될 수 없습니다. 재물이 많은 사람일지라도 항상 베푸는 자세를 가져야 합니다. 대축大畜에서는 말을 타고 돌아다니면서 사람들이 사는 모습도 살피고 어려운 이웃도 돌보라고 합니다. 병든 이웃을 위로도 해주고 치료할 수 있도록 도와 줍니다. 이러한 행위가 바로 재물이 넉넉한 자가 할 도리입니다.

　대축에서는 '갖출 것 다 갖춘 넉넉함이 어찌 하늘에만 있을까' 라고 말합니다. 하늘이 사통팔달하듯이 땅에서도 그런 길이 있습니다. 사람

사는 세상에서도 사방으로 통하는 네거리 길이 있죠. 사통팔달하니 사람들끼리 활발히 교류하며 더욱 더 풍족해집니다. 물자가 원활히 수송되고 경제가 발달합니다. 크게 쌓이면서 더욱 더 길이 넓어지고 발달해 사방으로 다 통하죠. 태평성대가 이런 세상 아닐까요?

고대에는 경제 문제를 대축大畜의 개념으로 풀었을 것입니다. 풍족해지면 나누고, 나누면 서로 통하면서 교역이 일어납니다. 물자 수송이 활발해집니다. 고대에서부터 수송이 발달했던 것을 생각해보십시오. 고대에도 서로 나누자는 교역의 개념이 발달했던 거죠.

---

26. 大畜 利貞 不可食吉
대 축 리 정 불 가 식 길

① 有厲 利己
　유 려 리 기

② 輿說輹
　여 설 복

③ 良馬逐 利艱貞 日閑輿衛 利有攸往
　양 마 축 리 간 정 일 한 여 위 리 유 유 왕

④ 童牛之牿 元吉
　동 우 지 곡 원 길

⑤ 豶豕之牙 吉
　분 시 지 아 길

⑥ 何天之衢 亨
　하 천 지 구 형

27

이頤 : 아무거나 마구 씹으면 턱이 망가진다

주역 상편 1차 과정의 목적지인 대유에 이르면, 대유를 유지하기 위해서 겸謙 · 예豫 · 수隨를 필요로 하였듯이 2차 과정의 목적지인 대축을 달성한 이후에는 이頤 · 대과大過가 필요합니다.

이頤는 아래턱을 말합니다. 턱의 역할이 뭘까요? 아래턱을 움직여서 위턱과 함께 음식을 씹을 수 있습니다. 물론 말을 할 때도 턱이 필요하지만, 음식을 씹어먹을 때 턱은 반드시 필요합니다. 음식을 씹는다는 것을 말하는 서합噬嗑과 이頤는 비슷하기도 합니다.

아래턱과 위턱은 그 위치가 바뀌어서는 안됩니다. 이런 점에서 이頤는 바른 위치를 의미합니다. 턱이 뒤집히면 안된다는 것입니다.

1960년 3월 15일 이승만 대통령은 장기집권을 연장하기 위해 대규모 부정선거를 저질렀다. 이승만 대통령은 턱이 뒤집힌 것처럼 해서는 안 되는 짓을 하고야 말았다. 유령 유권자 조작, 사전투표, 폭력을 동원한 입후보 등록의 방해, 관권에 의한 유권자 협박 등의 부정행위를 했다. 그 결과 마산에서 대규모 시위가 발생했고, 시위 진압 도중에 8명이 사망하고 72명이 총상을 입는 사태가 벌어졌다. 뒤이어 4월 19일, 전국적으로 시위가 확산됨에 따라 이승만 대통령은 4월 26일, 대통령직에서 물러나 미국으로 망명을 해야만 했다. 결국 이승만 대통령은 한국으로 돌아오지 못하고 1965년 이국 땅 하와이에서 생을 마감했다.

이▨는 바른 위치기도 하지만, 먹을 수 있는 것과 먹을 수 없는 것을 가려서 씹으라는 뜻을 가지기도 합니다. 이 말은 너무나 당연해서 설명할 필요조차 없습니다. 하지만 사례에서 보듯이 공부를 많이 하고 지위가 높은 사람도 가려서 씹지 못하고 아무거나 마구 씹다가 이빨이 부러지는 것과 같은 사고를 칩니다. 쉽다고 쉽게 생각하면 안 됩니다.

이▨는 기른다는 뜻을 가진다고도 하죠. 왜냐하면 이▨가 음식을 씹는 기능을 가진 턱이기 때문입니다. 이▨는 음식을 먹는 것이니 기르는 것과 통할 수 있고, 시비를 분별하는 것이니 또한 교육을 시킨다는 차원에서 기른다고도 할 수 있죠.

27. 頤 貞吉 觀頤 自求口實
이 정길 관이 자구구실

①초 舍爾靈龜 觀我 朶頤 凶
　　사 이 영구 관아 타이 흉

②이 顚頤 拂經 于丘頤 征 凶
　　전이 불경 우구이 정 흉

③삼 拂頤 貞 凶 十年勿用 无攸利
　　불이 정 흉 십년물용 무유리

④사 顚頤 吉 虎視眈眈 其欲逐逐 无咎
　　전이 길 호시탐탐 기욕축축 무구

⑤오 拂經 居正 吉 不可涉大川
　　불경 거정 길 불가섭대천

⑥육 由頤 厲 吉 利涉大川
　　유이 려 길 리섭대천

아빠가 먼저 읽고 자녀에게 추천하는 주역

28
대과_{大過} : 큰 인물일수록 자신을 낮추는 것이 좋다

큰 기둥이 자신을 낮추는 것을 일러 대과_{大過}라고 합니다. 쌓인 재물을 지키려면 바른 위치를 유지하는 것과 더불어 자신을 굽힐 줄 알아야 합니다.

재물이 쌓였다고 해서 사람들을 업신여기거나 거만하게 굴면 그 재물을 유지하지 못합니다. 재물이 많을수록 거듭 자신을 낮추는 것이 필요합니다. 높은 지위에 있는 경우도 마찬가지입니다. 지위가 높다고 아랫사람을 업신여기면 안 되겠죠? 이런 점에서 대과_{大過}는 겸_謙과 통하는 말입니다.

사례   **청백리 황희 정승**

세종 임금이 불시에 황희 정승 집에 평복차림으로 방문했다. 황희 정승은 비가 새는 집에서 허름하게 살고 있었다. 사람들은 정승이라고 하면 황희를 떠올릴 정도로, 황희는 많은 사람들에게 존경을 받았는데 왜 그럴까? 황희는 정승임에도 불구하고 자신을 낮추고 살 줄 알았기 때문이다. 그래서 그의 명성은 수백 년이 지난 오늘날까지도 유지되고 있다.

대과大過는 깔개로 흰 띠풀을 쓴다고 합니다. 재물이 넉넉하고 지위가 높은 사람이 띠풀로 만든 거친 방석을 사용한다고 해보세요. 비가 새는 집에서 살던 황희 정승과 그 이미지가 겹치지 않나요?

자신을 굽힌다는 대과大過에서는 '마른 버들에서도 돌피가 자란다'라고 하기도 합니다. 장가도 못 가고 늙어 죽을 줄 알았던 사내가 아내를 얻는다고도 합니다. 자신을 낮추면 뜻하지 않게 경사를 만납니다.

여자도 마찬가집니다. 혼자 살아가던 나이 많은 여자가 반듯한 선비에게 시집가는 일이 생깁니다. 자기 자신을 낮출 줄 아는 사람에게는 기적같은 행운이 찾아옵니다.

사례 주나라의 탄생

주공이 살던 시대에 영원할 것 같았던 상商나라였지만, 성인으로 일컬어지는 문왕文王과 그의 아들 무왕武王과 주공周公은 결코 화려하지 않았으며 겸손했고 오로지 하늘의 뜻에 따라 행했으므로 마른 버들에서 돌피가 자라고 화려함이 피어나듯이 주周나라를 얻었다. 마른 버들은 국운이 끝나버린 상商나라이며, 거기서 자라난 화려한 생명은 주周나라였다.

2016년 현재 부탄 국왕은 지그메 케사르 남기엘 왕추크(1980년생)이다. 부탄은 가난한 나라이지만 국민 행복지수 세계 1~2위를 다투고 있다. 부탄의 행복지수가 세계 최고인 이유는 부탄 국왕과도 무관하지 않다. 현재의 부탄 국왕은 나라 방방곡곡을 다니면서 민생을 살피는 그야말로 헌신적인 정치를 하고 있다. 현 국왕의 아버지인 지그메 싱예 왕추크(1955년생)는 왕도 은퇴를 해야 한다면서 52세에 왕위에서 물러나서 10년째 조용히 살고 있다. 부탄의 왕들은 자신을 낮추며 사는 것을 최고의 통치술로 삼고 있다. 그 결과 국민 행복지수를 세계 최고로 만들어놓았다.

이 사회에서 진정한 리더가 되고 싶은 사람이라면, 대과大過의 뜻을 충분히 숙지하고 실천하는 지혜가 필요합니다. 자신을 굽힐 줄 알면 쌓인 재물과 명예를 잃지 않고 유지할 수 있다는 것을 명심하시기 바랍니다.

28. 大過 棟橈 利有攸往 亨
대과 동요 리유유왕 형

① 藉用白茅 无咎
　자용백모 무구

② 枯楊生稊 老夫 得其女妻 无不利
　고양생제 노부 득기여처 무불리

③ 棟橈 凶
　동요 흉

④ 棟隆 吉 有它 吝
　동륭 길 유타 린

⑤ 枯楊生華 老婦 得其士夫 无咎 无譽
　고양생화 노부 득기사부 무구 무예

⑥ 過涉滅頂 凶 无咎
　과섭멸정 흉 무구

29

감坎 : 아무리 익숙해도
위험은 피해라

물웅덩이를 뜻하는 감坎은 위험입니다. 태극기에 그려진 건곤감리乾坤坎離에 나오는 그 감坎을 말합니다.

사람이 살아가다 보면 온갖 위험에 처하게 됩니다. 신체상의 위험뿐만 아니라 금전적인 위험에도 부딪치게 되죠.

사람들은 자신에게 위험이 닥쳐오는데도 불구하고 그 위험을 대수롭지 않게 생각하기도 합니다. 술이 취한 채 도로 위에서 차를 운전하는 운전자를 보십시오. 얼마나 위험합니까? 도로 위의 운전만 위험한 것이 아닙니다. 이 사회 곳곳에 위험이 도사리고 있습니다.

 위험을 과소평가하면 당하고 만다

증권회사에서 M&A 중개를 하는 K이사는 회사가 받은 수수료의 10%를 성과보수로 받았다. K이사는 불만이 많다. M&A중개로 회사에 50

억 원이라는 돈을 벌어다 줬는데, 그중 10%인 5억 원을 성과 보수로 받고 나머지 45억 원은 회사가 챙겨갔다.

회사는 이름을 빌려준 것 말고는 한 것이 없는데, 성과의 90%를 가져 갔고, K이사는 도저히 이를 받아들일 수 없었다. K이사는 회사에 소속되지 않고 프리랜서로 M&A중개를 해서 50억 수수료를 받았다면 그 돈 전부가 내 돈이었다고 생각했다.

K이사는 과감하게 사직을 하고 프리랜서로 M&A시장에 뛰어들었다. 하지만 K이사는 몇 년이 지나도록 단 한 건의 M&A 중개도 성사시킬 수 없었다.

고객이 K이사가 아닌 회사를 보고 M&A중개를 맡겼다는 사실을 간과한 것이었다. 회사에 남아 있었다면 매년 한 건의 중개만 해도 5억 원 씩을 벌 수 있는데 자신만만하게 위험한 곳에 뛰어들었다가 한 푼도 건지지 못하고 말았다.

사람들은 위험을 매우 싫어하지만, 함부로 위험한 곳에 뛰어드는 사람이 의외로 많습니다. 위험한 상황이지만 사례처럼 자신에게 익숙한 상황이라고 위험을 무시하는 것입니다. 위험은 피해가야 하는데 오히려 위험에 달려드는 사람도 많죠. 이는 일종의 도박입니다. 위험한 상황을 만만하게 보기 때문입니다.

2005년 6월부터 2014년 1월까지 미국 연방준비위원회(FRB) 위원장을 지낸 벤 버냉키는 2008년 미국발 세계 금융위기가 발발하기 전에 서브프라임을 담보로 해서 발행된 이색(exotic) 상품과 같이 위험을 명확히 알 수 없는 상품이 문제가 될 것이라고 생각하긴 했지만, 2000년 IT산업 버블이 꺼질 때보다 심각하게 경제가 타격을 입을 것이라고는 생각하지 않았다고 했다.

서브프라임 모기지 채권(신용이 낮은 사람에게 빌려주는 부동산 매입용 대출)이 문제긴 하지만 그때까지 미국 연방준비위원회(FRB)는 중앙은행으로서의 금융정책을 충실히 수행해왔고, 금융시스템이 안정적으로 작동하도록 충분한 조치를 취하고 있었다고 믿었다. 문제가 됐던 베어스턴스라고 하는 금융기관을 JP모건체이스가 인수하면서 금융시장이 안정을 찾도록 하는 조치를 취했기 때문이었다.

그러나 그 결과는 어떠했던가? 베어스턴스 문제는 해결됐지만 리먼 브라더스라고 하는 금융회사가 파산하면서 전세계 금융시장과 경제가 휘청거렸다.

한국에서도 종합주가지수가 2,000포인트에서 1,000포인트까지 반 토막이 나는 충격을 받았다.

아무리 익숙하다고 해도 위험한 상태를 충분히 컨트롤할 수 있다고 장

담을 해서는 안 됩니다. 위험한 상황에 놓여 있을 때 그 위험이 완전히 사라지지 않는 한 다룰 수 있는 능력이 있다고 해도 위험은 위험입니다.

감^坎에서는 제기를 사용할 때 2벌을 이용하라고 합니다. 이 말을 오늘날로 풀자면 계란을 한 바구니에 담지 말라고 하는 포트폴리오 이론입니다. 하나에 문제가 생기면 다른 하나를 이용해서 문제를 해결할 수 있습니다. 따라서 항상 두 개 이상의 수단을 동시에 고려해야 합니다. 다음 사례는 조선시대 왕조실록을 여러 곳에 보관해 위험을 피할 수 있었던 내용입니다.

사례 **조선왕조실록의 분산 보관**

조선시대에 왕조실록과 같은 기록물을 춘추관^{春秋館}, 충주^{忠州}, 전주^{全州}, 성주^{星州}에 분산해 보관했다. 임진왜란 때 전주만 빼고 다 불타버렸기 때문에 임진왜란 이후에는 춘추관, 강화도 마니산^{摩尼山}, 경북 봉화^{奉化} 태백산^{太白山}, 평북 영변^{寧邊} 묘향산, 강원도 평창^{平昌} 오대산^{五臺山}의 5곳에 보관했다.

위험은 언젠가는 사라집니다. 항상 위험하지는 않은 거죠. 물웅덩이에 차 있던 물이 모두 빠져나가면 더 이상 그 웅덩이는 위험하지 않습니다. 위험이 지나가면 평화가 옵니다. 물이 빠져나가듯이 위험이 지나면 더 이상 두려워할 필요가 없습니다.

1997년 우리나라는 외환이 부족해서 유사 이래 최대의 난리가 벌어졌다. 그러나 이후 위기는 극복됐고 경제는 회생했다. 하지만 한 번 겪은 외환위기 때문에 작은 문제만 있어도 혹시 다시 위기가 오는 것은 아닌지 걱정하는 일이 자주 벌어졌다. 이를 '트라우마' 라고도 부른다. 과거의 아픈 상처가 기억에 남아서 자꾸만 괴롭히는 것을 말한다. '자라보고 놀란 가슴 솥뚜껑 보고도 놀란다' 는 속담과 같은 것이다. 구덩이에서 이미 물이 다 빠져나가고 평탄한데도 여전히 두려워하는 현상을 말한다.

---

29. 習坎 有孚維心 亨 行有尙
습 감 유 부 유 심 형 행 유 상

①習坎 入于坎窞 凶
습 감 입 우 감 담 흉

②坎 有險 求小得
감 유 험 구 소 득

③來之坎坎 險 且枕 入于坎窞 勿用
래 지 감 감 험 차 침 입 우 감 담 물 용

④樽酒 簋貳用缶 納約自牖 終无咎
준 주 궤 이 용 부 납 약 자 유 종 무 구

⑤坎不盈 祗旣平 无咎
감 불 영 지 기 평 무 구

⑥係用徽纆 寘于叢棘 三歲 不得 凶
계 용 휘 묵 치 우 총 극 삼 세 부 득 흉

30
리離 : 불은 모든 것을 태워서 세상과 이별시킨다

생활 속에서 불은 꼭 필요합니다. 불 없이는 살 수가 없죠. 불의 성질을 잘 살펴보면 불은 모든 것을 태워서 이 세상으로부터 사라지게 만듭니다. 주역에서는 불을 이별을 뜻하는 리離로 나타냈습니다. 게다가 불은 화려하므로 불의 성질은 이 세상으로부터의 화려한 이별입니다.

주역 상편은 하늘을 뜻하는 건乾에서 시작해 화려한 이별을 뜻하는 불로 마감합니다. 불이 모든 것은 태워서 세상과 이별시키기 때문입니다. 주역 상편을 이별로 마감하는 것을 너무 당연하죠.

불의 성질은 태워서 이별시키는 것이지만 또 다른 특징이 하나 더 있습니다. 공정하다는 것입니다. 불은 상대를 결코 가리지 않습니다. 상대가 귀하든 천하든 상관하지 않습니다. 누구에게나 똑같이 죽음이 찾아오듯이 불 역시 누구에게나 공정합니다.

불의 성질을 정리해봅니다.

첫째, 불은 모든 것을 태워서 이 세상에서 사라지게 한다.

둘째, 불은 상대를 가리지 않고 태운다.

셋째, 불은 화려하다.

불은 타는 것만 뜻하지 않습니다. 태양의 빛도 마찬가지입니다. 햇빛은 누구도 가리지 않고 공정하게 비춥니다. 불이나 빛의 성질은 공명정 대입니다.

어쨌든 불은 이별입니다. 그래서인지 리^離는 해가 기울어지는데 장구 치고 노래하지 않는다면 덩치 큰 늙은이가 탄식하는 것과 같다고 말합니 다. 불의 화려함은 시간이 지나면서 어둠 속으로 사라집니다. 한 번 태어 나면 반드시 죽는다는 것과 정확히 같습니다. 영원히 꺼지지 않을 것 같 아도 불은 언젠가는 반드시 꺼집니다.

리^離는 갑작스러운 것 같기도 하고, 그것이 온 것 같기도 하며, 불탄 듯 하고, 죽은 듯하고, 버린 듯하다고 합니다. 이게 무슨 소리일까요? 이들 은 이별의 감정을 넘치지 않게 나타낸 말들입니다. 주역 상편을 마감하 는 리^離에서 주공은 잠시 상념에 젖었던 것 같습니다. 주공이 평생을 화 려하게 살았지만, 그 역시 하늘이 정해준 것에서 한 치도 벗어나지 못하 고 살았던 것입니다.

하늘이 생명의 씨앗을 주고 땅이 그 생명을 탄생시켰지만, 불이 꺼지듯 이 결국 하늘은 그 생명을 거둬갑니다. 세상과의 이별, 그 순간에 용이 되 어 하늘을 훨훨 나는 상상을 합니다. 이렇게 주역의 상편이 마감합니다.

---

30. 離 利貞 亨 畜牝牛吉
　　리 리정 형 축빈우길

⑴ 履錯然 敬之 无咎
　리착연 경지 무구

⑵ 黃離 元吉
　황리 원길

⑶ 日昃之離 不鼓缶而歌 則大耋之嗟 凶
　일측지리 불고부이가 즉대질지차 흉

⑷ 突如其來如 焚如 死如 棄如
　돌여기래여 분여 사여 기여

⑸ 出涕沱若 戚嗟若 吉
　출체타약 척차약 길

⑹ 王用出征 有嘉 折首 獲匪其醜 无咎
　왕용출정 유가 절수 획비기추 무구

Chapter **03**

주역 64괘
하편(31~64괘)

$$\lim_{x \to \infty} Human(x) = Dragon$$

아빠가 먼저 읽고 자녀에게
추천하는 주역

이 책은 삶다. 주역의 현대적 재해석이다
사람이 성공하여 용이 되는 책이다
주역을 읽면 세상을 손에 쥘 수 있다

31

함咸 : 느낌이 있어야
생명이 유지된다

주역에서 가장 중요한 괘를 하나만 꼽으라고 한다면 주저 없이 주역 하편의 시작인 31번째 함괘咸卦를 꼽습니다. 함괘의 함咸은 감感과 같은 뜻입니다. 우리말로 느낌입니다. 느낌이 왜 가장 중요하냐고요? 느낌이 없으면 생명이 없으니까요.

사람에게는 여섯 가지 느낌이 있습니다. 이 여섯 느낌은 시각 · 청각 · 후각 · 미각 · 촉각 · 생각입니다. 이 느낌 중 어느 하나라도 문제가 생기면 사람은 정상적으로 살 수 없습니다.

사람은 느낌이 살아 있어야 삶이 정상적으로 진행되므로 주역의 어느 괘보다 느낌을 말하는 함괘咸卦가 중요하죠. 더구나 함咸은 인간의 현실적인 삶을 설명하고 있는 주역 하편의 시작인 31번째에 놓여 있습니다. 함咸에서 인간의 삶은 느낌에서 시작한다는 신호를 보내는 것이죠.

여러분은 '위빠사나'에 대해서 들어본 적이 있을 것입니다. 남방불교에서 최고의 경전으로 친다는 대념처경大念處經에 나오는 명상법을 '위빠사나'라고 합니다. '위빠사나'의 기본 중의 기본은 '느낌'을 살리는 것입니다. 내가 앉아 있으면 앉아 있다고 느끼고, 서 있으면 서 있다고 느끼며, 말하고 있으면 말하고 있다고 느끼고, 말을 안 하고 있으면 말을 안 하고 있다고 느낍니다. 와! 다 느끼려면 끝이 없네요. 그 느낌은 끝없이 지속됩니다. 느낌을 잡으려고 평생 위빠사나를 하는 사람들이 수두룩하다고 합니다.

느낌이 왜 중요할까요? 여러분도 이 책에 느낌이 없다면 읽지 않을 것입니다. 책을 읽고 싶다는 느낌이 들어야 읽습니다. 느낌은 남녀 간의 사랑에서만 중요한 것이 아닙니다.

느낌이 없다면 그 어떤 행동도 없습니다. 아무런 느낌이 없는데 행동이 나오는 경우를 본 적 있나요? 배가 고프다는 느낌이나 먹고 싶다는 느낌이 있어야 먹고, 똥이 마렵다는 느낌이 있어야 똥을 쌉니다.

느낌이 없는데 행동이 나올 수는 없습니다. 주역을 읽고자 하는 느낌이 있어야 주역을 읽을 것이며, 주역에 통달하고자 하는 느낌이 있어야 주역을 보다 깊이 있게 이해하려고 노력합니다.

느낌이 없다면 정말 위험합니다. 낭떠러지에서 무섭다는 느낌이 들면 낭떠러지에서 떨어질 위험으로부터 벗어나게 됩니다. 위험을 못 느끼면 정말로 위험한 상황에 빠질 수도 있습니다.

느낌을 잘 이해하고 활용해야만 행복하게 살 수 있습니다. 느낌의 노예가 되면 불행합니다. 행복 그 자체가 느낌이기 때문입니다. 행복은 물질이 아니라 느낌인 거죠. 불교나 기독교 또는 도교와 같은 종교들 모두 느낌을 기본으로 합니다.

모든 삶은 느낌에서 시작해 느낌으로 끝납니다. 주역을 수없이 읽어도 느낌이 없다면 주역을 이해할 수 없습니다.

예전에 주역을 이해하지 못했던 필자는 한 가지 대안을 찾습니다. 주역에 대한 느낌을 살리기 위해서 몇 시간 동안 명상을 하면서 그 느낌을 찾아냅니다. 입정入定 상태에서 느낌을 끊임없이 찾다보니 주역에 대한 느낌이 조금씩 살아납니다. 그래야만 주역을 이해하게 됩니다. 느낌이 없었다면 주역의 풀이는커녕 이해 자체도 못했겠죠.

주역의 함괘는 발가락에서부터 시작해 허벅지·허리·등을 거쳐 뺨과 혀까지 그 느낌을 찾아내라고 권합니다. 이 느낌의 과정은 단전 수련에서 말하는 '대주천大周天'과도 일치합니다. 또한 앞서 말한 '위빠사나'와도 같습니다.

인간은 자신에 대한 느낌을 완전히 살려내는 데서부터 자신의 삶을 성공적으로 계획하고 실천할 수 있습니다.

함괘咸卦를 성생활이나 성적 쾌감으로 풀이하는 경우를 본 적이 있는데, 이는 몰라도 한참 모르고 한 생각입니다. 주역은 성적 쾌감이나 설명하는 그런 책이 아닙니다. 죽느냐 사느냐의 갈림길에서 치열하게 싸우던 시절을 보낸 문왕과 주공이 쓴 주역이 한가로이 성생활이나 논하고 있을 리도 없습니다.

느낌의 중요성은 하늘과 땅 그 이상입니다. 느낌은 나의 존재 여부와 직결됩니다. 하늘과 땅을 설명하는 상편보다 나의 느낌부터 시작하는 하편이 인생의 성공에서 훨씬 더 중요합니다. 하편의 첫머리에 함괘咸卦를 배치한 이유를 명확히 이해하십시오. 주역을 터득해 반드시 성공의 느낌을 찾고 인생에서 성공하기 바랍니다.

31. 咸 亨利貞 取女吉
함 형리정 취녀길

①효 咸其拇
함 기 무

②효 咸其腓 凶 居吉
함 기 비 흉 거길

③효 咸其股 執其隨 往吝
함 기 고 집기 수 왕린

④효 貞 吉 悔亡 憧憧往來 朋從爾思
정 길 회 망 동 동 왕래 붕 종 이 사

⑤효 咸其脢 无悔
함 기 매 무 회

⑥효 咸其輔頰舌
함 기 보 협 설

32

항恒 : 변함없이 안정적이어야 믿음이 간다

항상 변함없이 사람들끼리 소통하면서 산다면 이 사회는 건강한 사회입니다. 항상 조화를 이루는 것을 항恒이라고 합니다.

이웃끼리 서로 교류하고, 아랫사람과 윗사람이 서로 소통하며, 남편과 아내가 서로 이해하며, 부모와 자식이 서로를 존중해주는 그런 상황이 한결같을 때 이 사회는 균형을 이룹니다. 이것이 항恒에서 말하고자 하는 바입니다.

주역의 하편은 굴곡이 많은 땅에서의 삶을 다루는데, 첫 머리에 느낌을 나타내는 함咸을 두고 두 번째 한결같음을 말하는 항恒을 두었습니다. 이 땅에서 살아가는 생명들의 굴곡진 삶의 과정에서 느낌과 변함없는 삶을 강조한 것이죠.

사람의 마음이 변해버리거나 이랬다저랬다 하면 믿음이 깨집니다. 자꾸만 변해버리면 내일 어떻게 상황이 나타날지 모르므로 불안합니다. 믿을 수가 없는 것이죠. 상황이 안정적일 때 믿음이 생깁니다. 안정적인 상황은 오늘이나 내일이나 별로 다르지 않습니다. 그래서 안심하고 믿을 수 있습니다.

가만히 생각해보세요. 자연 현상은 늘 안정적인 경우가 많습니다. 해가 뜨고 지는 일, 사계절이 바뀌는 일 등이 그렇고, 흐르는 강물은 오늘이나 내일이나 변함이 없습니다. 그래서 안정적이죠. 오늘 흐르던 강물의 물줄기와 내일 흐를 강물의 물줄기가 서로 다르다면 불안해서 살 수가 없습니다. 불안하면 예측이 틀릴 가능성이 높으므로 믿을 수가 없죠.

투자의 세계도 마찬가지입니다. 투자에서 기대되는 이익이 안정적이라면 믿을 수 있지만, 기대되는 이익이 불안정하면 믿기 어려워서 그 가치가 낮아집니다.

사람의 경우에도 자꾸 말을 바꾸는 사람은 믿기 어렵죠. 말을 자주 바꾸는 사람은 값어치가 없어 보입니다.

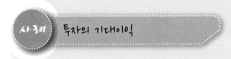

사람들은 이익을 바라고 투자를 한다. 투자에서 안정성을 고려해야 한다. 투자는 지금 하지만 이익은 나중에 발생하기 때문이다. 문제는 그 이익이 지금 확실하지 않다는 것이다. 사람들이 확실하다고 생각하는 은행 예금의 경우에도 은행이 파산하는 경우 안전하지않다. 투자 대상이 주식이라면 기대이익이 더욱 더 불안정하다. 1억 원을 투자했다고 해보자. 기대되는 이익이 확정적으로 오백만 원이라면 그 이익은 5%에 해당한다. 기대되는 이익이 확정적으로 오백만 원이 아니라 일천만 원이 될 가능성이 30%, 오백만 원이 될 가능성이 30%,

이익이 아예 없을 확률이 40%라고 한다면 그 기대이익은 1,000만 원
×30% + 500만 원×30% + 0원×40% = 450만 원이다. 이익이 불안
정한 경우 운이 좋으면 1,000만 원의 이익이 나올 수 있지만 운이 나
쁘면 이익이 아예 없을 수도 있다. 위 예의 경우 불안정한 상황에서의
기대이익은 450만 원으로 기대수익률은 4.5%이다. 이처럼 미래 상황
이 불안정할수록 기대되는 이익은 더 낮아질 수밖에 없다.

항恒에서는 한결같지 못하고 이랬다저랬다 하면 수치스러운 일이라고
합니다. 이 말은 너무 당연해서 설명이 필요없습니다. 변덕이 심한 사람
은 신뢰할 수 없어서 사람들이 모이지 않습니다. 이를 가리켜서 밭에 새
가 없다고 하여 전무금田无禽이라고 합니다. 밭에 새 없는 이유는 먹을
것이 없어서지요. 믿을 수 없는 사람에게서는 바랄 것이 없습니다. 그래
서 밭에 새가 날아오지 않듯이 사람이 가까지 오지 않습니다. 이런 사람
은 홀로 고립되고 맙니다.

항상 변함이 없을 때 안정이 유지됩니다만, 주역은 이 정도만 말하고
끝내는 법이 없습니다. 변함없이 유지되는 안정이 무조건 좋을 것이라고
생각되나요? 아닙니다. 안정적인 상황이 지속되는 것은 좋지만, 그 상황
이 영원히 지속된다면 발전이 없습니다. 어느 정도 안정된 상황이 지속
되면 변화를 추구해야 합니다. 세상에서는 변화하지 않고 유지되어야 하
는 부분이 있고 어느 시점에 가서는 반드시 변화를 해야만 하는 부분이

있습니다. 이 부분을 잘 살펴서 안정을 유지하는 일과 변화를 추구하는 일을 잘 구분해 처리하는 것이 옳습니다.

사람이 한결같은 마음을 유지하는 일이 가능할까요? 어느 정도 가능하기는 하겠지만, 평생 한결같이 살아간다는 것은 상당히 어려운 일입니다. 그래서 항恒의 마지막에는 사람들이 끝까지 항恒을 유지하지 못하고 떨쳐 일어나 버린다고 합니다. 마늘과 쑥만으로 100일을 어두운 동굴에서 버티라고 했지만 호랑이는 버티지 못하고 뛰쳐나가버렸다는 단군신화처럼 변함없이 버티는 일이 결코 쉽지는 않습니다.

아빠가 먼저 읽고 자녀에게 추천하는 주역

---

32. 恒 亨无咎 利貞 利有攸往
항 형무구 리정 리유유왕

⑯浚恒 貞凶 无攸利
　준항 정흉 무유리

⑮悔亡
　회망

⑯不恒其德 或承之羞 貞吝
　불항기덕 혹승지수 정린

⑯田无禽
　전무금

⑮恒其德 貞 婦人 吉 夫子 凶
　항기덕 정 부인 길 부자 흉

⑯振恒 凶
　진항 흉

33

돈遯 : 때를 알고 물러나야 탈이 없다

돈遯은 주역 하편의 실제적인 내용의 시작입니다. 여러 차례 말씀드린 바와 같이 주역 하편은 땅에서의 굴곡진 삶을 나타냅니다. 그 첫 번째로 돈遯이 등장합니다. 화를 면하기 위해 물러난 상황이 돈遯입니다. 몸을 사리라는 거죠.

사람은 모름지기 때를 알고 때 맞춰 물러나야 합니다. 물러날 때 물러나지 않는다면 추해지거나 큰 화를 당합니다. 아무리 강력하게 애를 써도 안 될 때는 안 되죠. 이럴 때는 과감히 물러나야 합니다. 물러나서 충분히 준비를 하고 기다린다면 좋은 기회를 다시 맞이할 수 있습니다.

돈괘遯卦에서는 물러날 때 물러난다면 조금이나마 이익이 있다고 합니다. 물러나거나 달아나야 할 때 바보처럼 우두커니 서 있으면 직격탄을 맞습니다. 다음 이야기 '미생'에서처럼 무모하게 서 있다가 죽음을 피하지 못하면 안됩니다.

중국 노나라에 미생이라는 청년이 있었다. 그는 매우 착한 사람이었다. 미생은 어느 날 한 여자를 다리 밑에서 만나기로 하고 약속시간에 다리 밑에 가 보니 여자가 오지 않았다. 여자가 약속을 지키지 못한 것이다. 미생은 약속을 지키기 위해서 마냥 기다리고 있었는데 비가 와서 물이 불어나기 시작했다. 미생은 약속을 지켜야 한다는 것 때문에 자리를 뜨지 않았고, 결국에는 불어난 물살에 휩쓸려 죽고 말았다.

물러날 때를 제대로 알고 실천한 사람으로는 주역을 쓴 주공이 아닐까 생각합니다.

주공은 형 무왕이 건국한 지 3년 만에 죽고 나이 어린 조카가 왕위에 오르자 조카를 대신해 정치를 했다. 11년간 장기 집권을 하자 사람들은 주공이 나이 어린 조카를 폐하고 자신이 왕의 자리를 차지할 것이라고 생각했다. 하지만 7년이 되자 주공은 권력을 깨끗이 접고 조카인 성왕에게 그 권력을 돌려주었다. 때를 알고 물러난 대표적인 사례다.

물러나야 할 때는 물러나서 조용히 살아야 합니다. 이때는 꼬리처럼 초라하지만 그래도 어쩔 수 없습니다. 물러나지 않고 버티다가 화를 당할 수는 없으니까요. 이런 상황에서는 황소 가죽처럼 질기게 붙들어도 도저히 일이 진척되지 않습니다. 극도로 나쁜 상황인데도 앞의 미생尾生의 사례처럼 멍청하게 버티면 목숨을 잃습니다.

물러나 있어야 하는 상황이 잠깐인 경우는 드뭅니다. 물러나 숨어 있어야 하는 상황은 쉽게 좋아지지 않으므로 계속 물러나 있어야 합니다. 물러나게 될 때는 마음이 괴롭지만 나중에 보면 물러나 있었던 것이 훨씬 더 이익이었음을 알게 됩니다. 숨어 있는 상황이 오히려 더 즐거운 상황입니다. 화를 면할 수 있었기 때문입니다.

돈遯에서는 물러나 있는 일이 절대로 불리할 것이 없다고 합니다. 주역은 눈에 보이는 면만 말하지 않습니다. 숨어 있어서 하나도 얻지 못한 것같지만 반드시 그런 것이 아닙니다. 물러나 숨어 있었기 때문에 자신에게 닥칠 재앙이나 불행을 피할 수 있었다는 것을 강조합니다. 따라서 물러나 숨는 일이 결코 불리하지 않은 거죠.

주역을 쓴 주공이 7년 만에 물러나지 않고 조카를 폐하면서까지 자신이 왕이 되려고 했다면 공자가 주공을 극찬할 수 있었을까요? 그렇지 않을 것입니다. 주공은 미련 없이 자리에서 물러남으로써 훗날 전혀 불리할 것이 없었습니다.

33. 遯 亨 小利貞
돈 형 소 리 정

① 遯尾 厲 勿用有攸往
돈 미 려 물 용 유 유 왕

② 執之用黃牛之革 莫之勝說
집 지 용 황 우 지 혁 막 지 승 설

③ 係遯 有疾 厲 畜臣妾 吉
계 돈 유 질 려 축 신 첩 길

④ 好遯 君子 吉 小人 否
호 돈 군 자 길 소 인 비

⑤ 嘉遯 貞 吉
가 돈 정 길

⑥ 肥遯 无不利
비 돈 무 불 리

34
대장大壯 : 아무리 장해도 머리를 써라

당당하고 씩씩한 것을 장壯하다고 합니다. 크게 장하다는 대장大壯은 굳센 기상을 나타냅니다. 물러나서 때를 기다리라는 돈遯 다음에 대장大壯이 나오죠? 대장大壯에서는 물러나 있는 상황에서 벗어나 당당하게 나서는 때입니다. 이제는 움츠러들지 말고 활기차고 늠름하게 앞으로 나서서 전진하는 것입니다. 그래도 되는 것이 대장大壯입니다.

힘이 세고 당당하다고 해도 사람이라면 머리를 써야 합니다. 주역은 항상 한 쪽 면만 말하지 않는다고 했죠? 씩씩한 것이 정말 좋지만, 지혜를 같이 써야만 합니다. 장하기로는 산도 뽑아버릴 수 있다는 초패왕 항우項羽가 지혜의 부족으로 한나라의 유방劉邦에게 대패해 젊은 나이에 삶을 마감했던 사례를 보십시오. 장한 것이 지혜까지 커버해주는 것은 아닙니다. 이를 일러 대장大壯에서는 군자는 그물로 물고기를 잡고, 소인은 힘으로 물고기를 잡는다고 말합니다. 물고기를 잡는 데는 힘보다는 그물이 최선이죠.

아무리 힘이 세다고 해도 새끼 양은 새끼 양입니다. 새끼 양이 힘이 세 봐야 호랑이만 하겠습니까? 하지만 힘 센 새끼 양은 자신의 힘만 믿고 가시덤불을 스스로 헤쳐 나가겠다고 뿔로 들이받기도 합니다. 가시덤불이 나타나면 빙 돌아서 가면 될 것을 힘이 세다고 뿔로 들이받는 것은 어리석은 일이죠.

사례 지혜가 부족한 항우의 몰락

장(壯)하기로 첫째인 사람은 항우(項羽)이다. 그 기세는 산이라도 뽑을 수 있다고 해서 역발산(力拔山)이었고, 전쟁에서 한 번도 패한 적이 없을 정도로 용맹했다. 하지만 군자는 힘보다는 그물을 사용해서 물고기를 잡아야 한다는 점을 파악하지 못했다. 해하(垓下)라는 곳에서 유방(劉邦)의 한나라 군대가 항우의 초나라 군대를 겹겹이 포위하고 초나라 노래를 불러서 이를 사면초가(四面楚歌)라고 한다. 힘이 세기로 첫째가는 항우(項羽)였지만 나가지도 못하고 물러서지도 못하는 새끼 양의 신세가 되었고, 유방에게 패해 오강(烏江)에서 죽고 말았다.

만일 터진 수풀이 있는 곳이라면 씩씩하게 앞으로 나가도 됩니다. 이는 마치 거대한 수레바퀴가 굴러가는 것과도 같습니다. 대장은 씩씩하고 힘찹니다. 어리석은 짓은 피하면서 당당하게 앞으로 전진합니다.

장하게 전진하다 보면 잃는 것이 반드시 생깁니다. 이를 일러 대장(大壯)에서는 '어린 양을 잃는다'고도 합니다. 양 떼를 몰고 가다보면 한두 마리 어린 양을 잃는 희생이 따르기도 합니다. 하지만 어린 양 한두 마리를 잃었다고 추진하던 일을 멈출 수는 없습니다. 그냥 전진합니다.

힘차게 나가더라도 결국에는 힘든 상황을 만나게 됩니다. 앞에서 어린 양이 가시덤불을 들이받는다는 말이 있었는데, 그 어린 양은 어찌 되었을까요? 그 뿔이 덤불에 걸려서 꼼짝도 못합니다. 그 양은 오도 가도 못하는 처지에 놓입니다. 늑대나 호랑이는 편안하게 양을 잡아 먹어버립니다. 지혜가 부족한 힘은 결국 좌초합니다.

34. 大壯 利貞
대장 리정

① 壯于趾 征 凶 有孚
장우지 정 흉 유부

② 貞 吉
정 길

③ 小人用壯 君子用罔 貞 厲 羝羊觸藩 羸其角
소인용장 군자용망 정 려 저양촉번 리기각

④ 貞 吉 悔亡 藩決不羸 壯于大輿之輻
정 길 회망 번결불리 장우대여지복

⑤ 喪羊于易 无悔
상양우이 무회

⑥ 羝羊觸藩 不能退 不能遂 无攸利 艱則吉
저양촉번 불능퇴 불능수 무유리 간즉길

35

진^晉 : 덕으로 다가가면
모두가 편하다

윗사람이 아랫사람에게 덕으로 다가가는 것을 강조한 것이 진^晉입니다. 공자께서 덕을 강조하기 훨씬 이전부터 중국에서는 지도자의 덕을 강조했습니다. 진^晉에서는 백성들에게 말을 제공해 편하도록 해주고 시간이 나는 대로 백성을 찾아서 살아가는 형편을 알아보아 백성들의 생활에 관심을 가지라고 합니다.

덕^德에 관한 이야기는 요임금과 순임금 이야기에서 잘 드러납니다.

사례 덕으로 나라를 다스렸던 요순임금

요^堯임금이 왕의 자리를 물려줄 후계자로 덕을 베풀어 백성들로부터

추앙받는 순^舜을 정했다.

그런데 문제가 있었다. 순^舜은 요임금의 핏줄이 아니었다. 요임금에게

자녀들이 있었는데, 그의 아들들이 순^舜을 후계자로 정하는 것에 강력

히 반발했다.

반대를 무마하기 위해서 요임금은 순舜에게 두 딸을 시집보내서 사위로 삼았지만, 순舜이 요임금의 사위가 되었다고 해서 요임금의 아들들은 순舜이 요임금의 후계자가 되는 것을 받아들일 리가 없었다.

요임금은 아들들의 주장을 받아들여 순舜을 멀리 내쫓는 결단을 내렸다. 그랬더니 무슨 일이 일어났을까? 정말 믿을 수 없는 일이 일어났다. 도성都城에 살던 백성들이 모두 짐을 싸서 순舜을 따라가 버렸다.

도성都城이 텅 비어버리자 요임금의 아들들이 두 손 들고 항복을 선언했다. 이 대목에서 순舜의 덕이 어느 정도였는지를 짐작할 수 있다. 결국 순舜은 요堯의 뒤를 이어 임금의 자리에 올랐고, 중국 역사상 최고의 태평성대라고 일컬어지는 요순堯舜 시대를 장식했다.

오늘날의 경우에도 권력을 가진 자가 덕을 베풀지 못하고 함부로 행동하면 사회가 혼란스러워집니다. 권력은 항상 공정해야 하고 그 권력으로 사람들을 함부로 대해서는 안 됩니다.

돈이 지배하는 오늘날의 자본주의 사회에서는 권력뿐만 아니라 돈을 많이 가진 자 역시 겸손해야 합니다. 겸손하지 못하고 함부로 행동하게 되면 사회불안의 원인이 되거나 비난의 대상이 되죠.

덕으로 사람들에게 다가가는 일이 쉬울까요? 그렇지 않죠. 어찌 보면 덕으로 다가가는 것 같이 보이는 것이, 또 한 편으로 보면 사람들을 억압하는 것 같기도 합니다. 권력을 가진 자가 평범한 사람들을 대할 때 그 모습이 진심인지, 사람들을 억압하기 위한 것인지 구분이 잘 안 될 수도 있습니다. 그러므로 조심해서 행동할 필요가 있습니다.

대통령이 재래시장에 들렀다고 해보겠습니다. 사람들은 대통령이 서민들의 형편을 이해하기 위해서 서민들의 삶을 직접 돌아본다고 이해할 수도 있지만, 대통령이 서민들에게 위화감을 조성한다고 볼 수도 있기 때문입니다. 자세를 낮추는 일이 항상 호의적일 수는 없습니다. 쇼맨십이라고 의심을 불러일으킬 수도 있죠.

주역의 비유는 기발한 경우가 있는데, 진晉에서 그물을 믿고 느긋하라고 한 것이 바로 그 경우입니다. 일단 그물을 쳐 놓았으면 느긋하게 기다리다가 그물을 걷어야 물고기를 많이 잡습니다. 그물을 치자마자 걷어 버리면 허탕을 칩니다. 사람들에게 덕으로 다가가는 것도 그물로 물고기 잡듯이 당장 성과를 보려고 하지 말라는 것입니다. 덕으로 다가가다 보면 시간이 지나면서 진심이 서로 닿아 사람들이 공감하는 것입니다. 사람들이 모두 동의할 때 이것이 바로 리더의 자질이겠죠?

덕으로 다가가는 일이 항상 좋지는 않습니다. 부작용이 있습니다. 다람쥐나 쥐처럼 약삭빠른 사람들이 있죠. 자신을 낮추고 덕을 베풀면 이에 대해 감응하기 보다는 오히려 얕잡아 보는 무리가 생깁니다. 그 무리는 어찌해야 할까요?

겸괘謙卦에서도 겸謙을 얕잡아 보는 무리에 대해서 정벌하라고 했듯이 진晉에서도 덕을 얕잡아보는 자들이 있다면 그들을 가차 없이 정벌해 버

아빠가 먼저 읽고 자녀에게 추천하는 주역

리라고 합니다. 뿔을 묶어서 날뛰는 사슴을 제압하듯이 이들을 제압하라고 합니다. 주역에서는 사회 질서를 어지럽히는 자들에 대해서는 용서가 없습니다. 강력하게 벌하라고 합니다. 그래야 후환이 없습니다.

---

35. 晋 康後 用錫馬蕃庶 晝日三接
진 강후 용석마번서 주일삼접

①晉如摧如 貞 吉 罔孚 裕 无咎
진 여 최 여 정 길 망 부 유 무 구

②晉如愁如 貞 吉 受玆介福于其王母
진 여 수 여 정 길 수 자 개 복 우 기 왕 모

③衆允 悔亡
중 윤 회 망

④晉如鼫鼠 貞 厲
진 여 석 서 정 려

⑤悔亡 失得 勿恤 往 吉 无不利
회 망 실 득 물 휼 왕 길 무 불 리

⑥晉其角 維用伐邑 厲 吉 无咎 貞 吝
진 기 각 유 용 벌 읍 려 길 무 구 정 린

36

명이明夷 : 어두워지기 전 최선을 다해 마무리하라

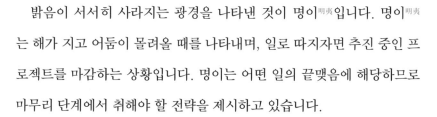

밝음이 서서히 사라지는 광경을 나타낸 것이 명이明夷입니다. 명이明夷는 해가 지고 어둠이 몰려올 때를 나타내며, 일로 따지자면 추진 중인 프로젝트를 마감하는 상황입니다. 명이는 어떤 일의 끝맺음에 해당하므로 마무리 단계에서 취해야 할 전략을 제시하고 있습니다.

어둠이 커다랗게 날개를 펼치며 밝음을 집어삼키는 모습을 가리키는 데서부터 명이는 시작합니다. 이 상황에서 어떤 태도와 전략이 필요할까요? 명이明夷에서 제시하는 다섯 가지 취해야 할 행동 지침은 오늘날에도 반드시 필요하며, 그 전략은 다음과 같습니다.

첫째, 설령 나에게 문제가 있다고 해도 남들에게 들키게끔 하는 티를 내지 않는다.

둘째, 해가 지기 전까지 조금이라도 밝음이 남아있다면 끝까지 최선을 다해서 일을 마무리한다.

셋째, 어둠이 오기 전에 미리 등불을 준비하는 지혜가 필요하다.

넷째, 아무리 힘들고 어려운 상황이어도 뱃심으로 버틴다.

다섯째, 아무리 어려워도 주인의식을 가지고 끝까지 버텨야만 나중에

할 말이 있다.

하루를 마감하는 때에 나의 약점을 상대방에게 드러내서는 안 됩니다. 왜냐하면 이제 곧 어두워질 때가 다가오는데 나의 약점을 상대방에게 들키면 상대방의 공격을 받을 수도 있기 때문입니다. 명이明夷에서는 넓적다리를 다치는 치명적인 상처가 있어도 그 상처를 상대에게 들키지 말라고 합니다. 말을 타면 다리를 다친 모습을 상대에게 들키지 않습니다. 약점을 철저히 숨기라고 제시합니다.

사례 자신의 약점을 적에게 들키지 마라

이순신의 전략 중에서 단연 돋보였던 것은 명량해전 이전의 위장 전술이 있다. 첫 번째가 강강술래 춤이다. 칠천량 해전의 패배로 대부분의 군사를 잃어버렸지만, 이순신은 이를 감추기 위해서 아녀자들을 동원해 밤마다 강강술래 춤을 추게 했다. 두 번째로 이순신은 유달산의 봉우리를 짚으로 덮어서 마치 곡식을 쌓아놓은 듯이 위장했다. 이 봉우리를 노적봉이라고 한다. 세 번째로는 물에 횟가루를 뿌려서 마치 대규모 군사가 먹을 쌀을 씻는 것처럼 위장했다. 이러한 이순신의 치밀한 전략은 다리를 다쳤다고 해도 말을 타고 씩씩하라는 명이괘의 뜻을 정확히 구현하고 있었다. 그 결과 이순신은 명량해전에서 대승을 거두었다.

밝은 해가 조금이라도 남아있다면 남쪽 산으로 사냥을 나가라고도 주문합니다. 반드시 뭔가 얻을 것이 있으니까요. 이것이 명이^{明夷}의 두 번째 주문입니다. 세 번째는 너무 평범합니다. 칠흑 같은 어둠이 오기 전에 미리 등불을 준비하세요. 이 말이 쉬운 것 같아도 그렇지 않아요. 분명 대비를 해야 할 시기인데 손 놓고 있는 사람들이 정말 많습니다. 그들 생각은 '설마 그렇게 빨리 어두워지겠어?' 라는 거죠.

어둠이 찾아오는 때는 상황이 나쁜 경우도 많습니다. 이 상황에서도 좌절하면 안 됩니다. 강한 뱃심으로 버텨야 합니다. 어둠이 지나면 밝은 날이 반드시 오기 때문입니다. 또한 어둡다고 해서 자기의 위치를 포기해서도 안됩니다. 내가 지켜야 할 자리를 반드시 지키고 있어야만 나중에도 그 자리를 보존할 수 있습니다.

힘들고 어렵다고 해서 주인이기를 포기하고 자기 자리를 떠나버리면, 나중에 그 자리에 다시 돌아온들 아무도 인정을 안 해줍니다. 나는 끝까지 주인이어야 합니다. 주인의 자리에서 떠나버리면 그 자리는 영영 나에게 돌아오지 않습니다.

명이^{明夷}는 그믐의 어둠이 처음에 하늘로 오르고 이후에 땅으로 들어간다는 말로 끝맺습니다(불명회 초등우천 후입우지不明晦 初登于天 後入于地). 이 말도 해가 지는 광경을 멋지게 표현했네요. 그믐밤의 시작은 하루 중에 나타나는 밤이자 한 달을 마감하는 밤인데요, 그믐밤에 어둠이 하늘로 올라갔다가 다시 땅으로 들어간다고 합니다. 그믐밤의 시작을 그림처럼 그리고 있네요.

곤괘^{坤卦}에서 용들이 들판에서 전쟁을 벌이는데 그 피가 검고 누렇다는 뜻으로 용전우야 기혈현황龍戰于野 其血玄黃이라고 하면서 어둠이 물러가고 밝음이 찾아오는 광경을 시적으로 나타냈고, 명이괘의 불명회 초등우천 후

입우지 ^{不明晦 初登于天 後入于地}에서 밝음이 물러가고 어둠이 시작되는 광경을 멋지게 표현했습니다. 어둠이 땅으로 파고 들어가면 그때부터는 편안한 휴식을 취해야 하겠죠?

---

36. 明夷 利艱貞
명이 리간정

① 明夷于飛 垂其翼 君子于行 三日不食 有攸往 主人有言
명이우비 수기익 군자우행 삼일불식 유유왕 주인유언

② 明夷 夷于左股 用拯馬壯 吉
명이 이우좌고 용증마장 길

③ 明夷于南狩 得其大首 不可疾 貞
명이우남수 득기대수 불가질 정

④ 入于左腹 獲明夷之心 于出門庭
입우좌복 획명이지심 우출문정

⑤ 箕子之明夷 利貞
기자지명이 리정

⑥ 不明晦 初登于天 後入于地
불명회 초등우천 후입우지

37
가인家人 : 행복한 가정을 꾸리다

가인家人은 말 그대로 가정家庭에서의 생활을 나타냅니다. 가인家人에서는 여자가 곧아야 한다고 말합니다. 여자가 곧아야 한다는 것은 두 가지 뜻이 있습니다. 첫 번째는 여자가 집안일을 잘 챙겨야 한다는 것이고, 두 번째는 여자가 여자로서의 역할인 출산을 해야 한다는 것입니다.

여자가 부정不貞하다는 것은 여자가 집안일을 소홀히 하는 것도 있지만 아이를 가지지 못하면 그것 또한 부정不貞입니다. 이러한 가인家人의 뜻은 유가儒家로 이어졌고 옛부터 아이를 낳지 못하는 여자는 여자로서 대우를 받지 못하기도 했습니다. 주역에서는 여자가 아이를 낳을 수 있어야만 한다는 말을 몇 차례 합니다. 그만큼 여자의 출산을 중시했습니다.

가정이 화목하고 평화롭다면 격식에 약간 어긋나도 상관이 없습니다. 예를 들어 잔칫상을 차리는데 가족들이 모두 안 모였는데도 누군가 음식을 먹었다고 해도 그것은 무례한 것이 아니라는 것입니다. 가정이 화목하고 가족들의 마음이 넓다면 그것을 탓하면서 비난하지는 않습니다.

가정에서 규율이 엄격하게 적용해야 하지만, 음식을 먼저 먹는 것이 규율에 대한 중대한 위반은 아닌 거죠. 그러나 혼자만 음식을 차지하려고 하는 것과 같이 다른 가족에게 피해가 가는 행위는 엄격하게 규제해야 합니다. 그것이 주역의 가인家人에서 다루어지는 내용입니다.

가인家人에서는 여자가 소리를 내 웃지 말라고 합니다. 여자의 웃음이 담을 넘으면 안된다는 생각이 바로 가인家人에 그 뿌리를 두고 있네요. 여자의 웃음소리가 담을 넘을 정도로 크면 집안에 나쁜 일이 생길 수 있다고 하는 경고인 셈이죠. 따져보면 여자의 웃음소리가 문제가 아니라, 감정에 휘둘리는 것이 문제입니다.

중국의 역사를 보면 여자의 웃음소리가 나라를 망친 사례가 있습니다. 여자의 웃음소리 자체가 나라를 망친 것은 아니겠지만, 나라가 망할 때면 여자의 웃음소리가 심심찮게 등장합니다. 은나라의 마지막 왕인 주왕紂王에게 달기妲己라는 여자가 있었고, 서주의 마지막 왕인 유왕幽王에게는 포사褒姒라고 하는 여자가 나옵니다. 그 여자들의 웃음소리가 나라를 망하게 했다고 합니다.

사례　나라를 망가뜨린 포사의 웃음소리

서주의 마지막 왕은 유왕幽王인데, 유왕에게는 포사褒姒라고 하는 애첩이 있었다. 포사褒姒는 용의 거품으로 임신한 궁녀가 낳은 딸로서 유왕에게 바쳐졌는데, 포사는 절대 웃지 않는 특징이 있었다. 포사는 비단 찢는 소리에 기분이 좋아진 적이 있다고 해서 유왕은 포사가 웃게 하려고 매일 수많은 비단을 찢도록 했으나 포사는 웃지 않았다. 포사를 웃게 하려고 유왕은 거짓 봉화를 올려서 사람들을 불러 모았는데 사람들이 와 보니 거짓 봉화임을 알고 허탈해했다. 이를 본 포사가 드디어 큰 소리로 웃었다. 유왕은 포사를 웃게 하려고 거짓 봉화를 올려서 사람들을 놀려대는 바람에 이후에는 봉화를 올려도 사람들이 오지 않았다. 실제 오랑캐의 침략이 있을 때도 봉화를 올렸으나 아무도 오지 않았다. 유왕은 오랑캐에게 살해됐고, 포사는 오랑캐 장수에게 끌려가서 그의 여자가 됐다가 자살했다. 포사_{褒姒}라는 여자의 웃음소리가 주나라를 망치고 말았다.

가인_{家人}에서는 가정에서 가장 중요한 것으로 '신뢰'를 들고 있습니다. 가정에서 가족 간의 신뢰가 가장 중요합니다. 가족끼리 서로 믿지 못하면서 가정에 평화가 있을 수는 없죠. 부부 간의 믿음, 부자지간 및 형제지간의 믿음이 가정을 평화롭고 행복하게 합니다.

37. 家人 利女貞
가인 리녀정

① 閑有家 悔亡
한유가 회망

② 无攸遂 在中饋 貞 吉
무유수 재중궤 정 길

③ 家人嗃嗃 悔厲 吉 婦子嘻嘻 終吝
가인학학 회려 길 부자희희 종린

④ 富家 大吉
부가 대길

⑤ 王假有家 勿恤 吉
왕가유가 물휼 길

⑥ 有孚 威如 終吉
유부 위여 종길

38

규睽 : 애매한 일을 처리하다

상황이 여의치 않을 때는 어떻게 해야 할까요? 여의치 않은 상황에 대한 내용이 규睽입니다. 상황이 여의치 않을 때는 가늘게 실눈을 뜨고 관망을 합니다. 규睽에서는 작은 일에만 신경쓰라고 합니다. 일을 벌이더라도 작게 벌여야만 유리합니다. 욕심을 내지 말라는 뜻이겠죠.

규睽에서는 잃은 말을 후회하지 말고 쫓아가지 말라고 합니다. 상황이 애매한 경우에는 깊숙이 발을 들여 놓지 않습니다. 말이 도망을 쳤다고 해서 아쉬워하지 말고 쫓아가지 말라고 합니다. 도망친 말을 쫓아가다 적이라도 만나면 큰일이죠.

규睽에서는 그 말이 스스로 돌아온다고 말합니다. 말이 도망친 데는 그만한 이유가 있었을 것입니다. 위험한 상황이 도래할 수 있으니까 말이 도망을 친 것이겠죠. 나중에 상황이 안전해지면 그 말은 스스로 돌아옵니다.

변방에 사는 늙은이 새옹塞翁이 있었다. 그에게는 말과 외아들이 있었다. 어느 날 그가 키우던 말이 도망가 버렸다. 동네 사람들이 위로를 해줬지만, 새옹은 별로 낙심하지 않았다.

얼마 후 집 나간 말이 다른 말들을 데리고 돌아왔다. 동네 사람들이 축하해줬지만 새옹은 별로 기뻐하지 않았다.

그 후 새옹의 외아들이 말을 타다가 다리가 부러지는 중상을 입었다. 동네 사람들이 이를 위로해줬으나 새옹은 이때에도 낙심하지 않았다.

얼마 후 젊은 남자들에게 징집령이 내려서 대부분의 젊은 남자들이 전쟁터로 끌려갔지만 새옹의 외아들은 다리를 다친 장애인이어서 징집되지 않아 대를 이을 수 있었다. 이 고사를 일러 새옹지마塞翁之馬라고 한다.

아빠가 먼저 읽고 자녀에게 추천하는 주역

엿보는 상황은 불리합니다. 불리하거나 위험하므로 나서지 말고 기회만 보고 있는 것입니다. 자칫 실수하면 바로 위험에 처할 수 있습니다. 규睽에서는 소가 사람을 수레에 끌고 가는데 하늘에서 코를 베는 형벌을 내렸다는 말이 나옵니다. 아마도 이 사람은 상황을 엿보다가 잘못돼 코가 잘리는 형벌을 받고 끌려가는 것입니다. 그만큼 엿보는 상황은 위험 부담이 적지 않습니다.

규睽는 정말 처리하기 애매한 상황에 대한 내용이기도 합니다. 상황이 애매하므로 어느 쪽으로 가야 할지 잘 모릅니다. 난감한 상황인 것이니다. 이런 상황을 다음과 같이 네 가지 경우로 제시합니다.

첫째, 돼지가 진흙을 덮어 쓰고 있는 것을 본다.

둘째, 귀신을 하나의 수레에 싣는다.

셋째, 먼저는 활을 당기고 나중에는 활을 달랜다.

넷째, 도적과 혼인하지 않으려고 하는데 가다가 비를 만난다.

첫 번째 진흙을 뒤집어 쓴 돼지는 씻겨야 할까요, 그냥 둬야 할까요? 두 번째 귀신은 수레에 실어야 하나요, 싣지 말아야 하나요? 귀신은 수레에 싣고 가는 대상이 아닌데, 어떻게 할까요? 세 번째는 활시위를 당기다가 슬그머니 활시위를 놓아버립니다. 활을 쏘는 시늉만 하고 실제로는 활을 쏘지 않은 것입니다. 도적과 혼인하기 싫은데 억지로 끌려가다 비를 만납니다. 도적과 혼인을 피할 좋은 핑계거리가 생겼습니다. 상황이 애매하면 어떤 구실이라도 붙여서 그 상황에서 빠져나옵니다. 그것이 상책이겠죠?

---

38. 睽 小事吉
규 소사길

①초 悔亡 喪馬 勿逐 自復 見惡人 无咎
회망 상마 물축 자복 견악인 무구

②이 遇主于巷 无咎
우주우항 무구

③삼 見輿曳 其牛掣 其人 天且劓 无初 有終
견여예 기우채 기인 천차의 무초 유종

④사 睽孤 遇元夫 交孚 厲 无咎
규고 우원부 교부 려 무구

⑤오 悔亡 厥宗 噬膚 往 何咎
회망 궐종 서부 왕 하구

⑥상 睽孤 見豕負塗 載鬼一車 先張之弧 後說之弧 匪寇婚媾 往
규고 견시부도 재귀일거 선장지호 후열지호 비구혼구 왕

遇雨 則吉
우우 즉길

39

건_蹇 : 이미 알려진 장애는 더 이상 장애가 아니다

건_蹇은 다리를 절름거리는 것을 가리킵니다. 다리를 저는 상태는 양호한 상태가 아닙니다. 주역에서는 절름발이를 어떤 관점에서 해석했을까요? 다리를 저니까 나쁘다고 할까요? 반드시 그렇지는 않습니다.

다리를 저는 사람에게는 도움을 줄 수 있는 사람이 있으면 좋습니다. 이것은 너무 당연해서 말이 필요없죠.

다리를 저는 것이 반드시 나쁘지만은 않습니다. 다리를 저는 것은 이미 돌이킬 수 없는 사실입니다. 어쩔 수 없다는 거죠. 어쩔 수 없는 일을 가지고 왈가왈부해봐야 소용이 없습니다. 장애를 극복하거나 장애를 오히려 장점으로 승화시키는 것이 더 좋습니다. 주역의 건_蹇은 부정적인 내용이 없습니다. 오히려 자신의 단점을 잘 극복하면 좋은 일이 더 많이 생깁니다.

건_蹇에서 갈 때는 다리를 절며 갔지만, 돌아올 때는 명예로웠다고 합니다. 다리를 절며 갔다가 새로운 것을 연결하고 오기도 합니다.

교통사고로 인해 후천적인 장애인이 된 사람의 일화가 있다. 그는 다리를 저는 장애인이었지만 보험판매왕이 되었다. 그의 끈기와 노력이 뒷받침되었겠지만, 다리를 절기 때문에 보다 간절하게 자신의 처지를 상대방에게 알릴 수 있었고, 자신과 같은 처지가 되었을 때 생활을 해나가기 위해서는 보험이 절실히 필요하다는 점을 너무나 생생하게 전달할 수 있었다. 그에게 장애는 신체적 구속이었을지 몰라도 자신이 하는 일에서는 오히려 더 나은 성과를 가져다주는 연결고리가 됐다.

　경經에서는 나보다 더 절름거리는 벗이 찾아온다고도 말합니다. 나만 장애가 있는 것이 아니라는 것입니다.

　주위를 보니 나보다 훨씬 더 심하게 절름거리는 사람이 많습니다. 내가 장애가 있다고 해서 그것이 반드시 흠인 것은 아닙니다.

　왕과 신하가 모두 다리를 전다는 말도 합니다. 이게 뭘까요? 사람들은 장애를 가진 사람을 보고 비웃지만, 사실 장애가 없는 사람은 없습니다. 왕이나 신하 할 것 없이 이 세상 사람들은 모두가 다 어떤 부분은 장애인입니다. 남의 장애만 보지 마십시오. 눈에 잘 보이지 않을 뿐, 나에게는 더 큰 장애가 있습니다. 자신의 장애는 볼 줄 모르고 남의 장애만 들추지 말라는 뜻입니다.

　어쨌든 장애가 있다면 주변의 도움을 받기 바랍니다. 그것이 현명한 것입니다. 나의 장애를 숨기지 마십시오. 장애를 숨기면 그 장애는 영원히 장애일 뿐입니다. 사람들의 도움을 받는다면 장애는 더 이상 장애가 아닙니다. 오히려 장애가 나에게 더 큰 이득을 가져다줍니다.

옛말에 병은 자랑하라고 했습니다. 나에게 병이 있으면 치료를 해야 하는데 내 병을 사람들이 알아야 치료법을 알려준다는 뜻입니다. 장애도 마찬가지입니다. 사람들이 나의 장애를 알아야 배려를 해주죠. 장애는 숨긴다고 해결될 문제가 아닙니다.

39. 蹇 利西南 不利東北 利見大人 貞吉
건 리서남 불리동북 리견대인 정길

①효 往蹇 來譽
왕건 래예

②효 王臣蹇蹇 匪躬之故
왕신건건 비궁지고

③효 往蹇 來反
왕건 래반

④효 往蹇 來連
왕건 래연

⑤효 大蹇朋來
대건붕래

⑥효 往蹇 來碩 吉 利見大人
왕건 래석 길 리견대인

40

해^解 : 일이 술술 풀려나가다

막혔던 길이 뚫리거나 닫혔던 문이 열리면서 성과가 있음을 알리는 것이 해^解입니다. 주역 하편의 실제 내용은 물러나 숨는 상황을 말하는 33번째 돈^遯에서 출발을 했습니다. 그 이후 장하더라도 머리를 쓰라는 대장^{大壯}, 덕으로 사람들에게 다가가라는 진^晉, 일을 마감할 때의 행동지침을 말하는 명이^{明夷}, 가정을 말하는 가인^{家人}, 애매한 상황을 말하는 규^睽, 절름거릴 때의 처신을 설명하는 건^蹇을 거쳐 드디어 일이 풀린다는 해^解에 도달했습니다. 이와 같은 돈^遯에서 해^解의 과정은 굴곡진 땅에서 일어나는 삶의 한 형태에 해당합니다.

아무리 복잡하게 얽힌 일이라도 시간이 가면 언젠가 풀리게 돼 있습니다. 참고 기다리면서 부지런히 노력한다면 풀리지 않는 일은 없습니다. 조급해져서 중도에 그만두거나 화를 내거나 남 탓을 하면서 일을 멈추면 일이 풀리지 않지만, 끝까지 버티면 결국은 풀립니다. 끝까지 참으면서 부지런히 할 일을 하시기 바랍니다.

이 사례는 필자의 실제 인생 경험이다. 필자는 50년 이상을 살면서 일이 안 풀릴 때가 너무 많았다. 10대에도 그랬고, 20대, 30대, 40대 모두 일이 풀리기보다는 안 풀리는 경우가 훨씬 더 많았다.

제 이름 석 자도 모르고 초등학교에 입학을 했고, 농사일 거들면서 어린 시절을 보냈다. 중학교 시절은 그저 그렇게 보냈지만, 고등학교 시절에는 최하위권 성적이었다.

그러나 가끔은 일이 풀리기도 했다. 초등학교 6학년 때는 고전읽기 대회에서 군(郡)에서 준우승을 한 적도 있었고, 최하위권 성적으로 고등학교를 마쳤지만 나름대로 열심히 노력해서 대학에도 진학했다. 이후 서울대학교에서 경영학 석사 학위도 받게 된다. 다니던 직장의 후원으로 미국 필라델피아 드렉셀 대학 연수코스도 밟았다.

2012년에는 획기적인 사건도 있었다. 단전호흡 수련 20년 만에 입정에 들어가서 자유로이 세상을 관조할 수 있게 된 것이다. 무엇보다도 주역을 완전히 분해해 재조립할 수 있게 된 것은 성과 중의 성과였다. 그 성과가 있었기에 지금 이 책을 쓸 수 있는 것이다.

주역을 이해하기 전에 불교의 공(空)이 수학에서 말하는 0의 개념과 같다는 것을 알게 됐고, 공공(空空)이란 0에 어떤 수를 곱해도 그 결과는 0이라는 것을 의미한다는 것도 알아냈다.

공(空)이나 공공(空空)의 개념이 쉽게 이해되자 주역도 술술 풀리게 됐다.

더욱이 주역의 뜻을 알고 나자 주역의 63번째 기제^{既濟}와 64번째 미제 ^{未濟}의 관계는 불경 중에서 최고라고 치는 금강경의 핵심내용과 일치 하고 있다는 것도 알게 됐다. 이들을 모두 알게 되자 내 삶의 과거와 현재, 그리고 미래도 보인다. 그 결과 흔들리지 않는 부동심^{不動心}까지 습득했다. 참고로 부동심은 61번째 중부괘^{中孚卦}에서 다루고 있다.

삶에서 항상 어려움만 있는 것이 아닙니다. 일이 풀리는 시절이 반드 시 옵니다. 힘들고 어려운 과정이 지속되더라도 희망을 잃어서는 안됩니 다. 당황하거나 서두르지 말고 차분하고 열심히 사시기 바랍니다. 반드 시 일이 풀리는 날이 옵니다. 이것이 주역의 뜻입니다.

해^解에서는 밭에서 여우 세 마리를 잡고 황금화살도 얻는다고 말합니 다. 어느 날날 여우가 밭을 망쳐 놓았습니다. 밭이 망가져 속상했는데 여 우 세 마리를 잡았더니 더 이상 밭은 망가지지 않았습니다. 그런데 웬 행 운? 여우의 털과 가죽을 비싼 값에 팔았습니다. 일이 풀리려니 급속도로 풀리면서 상황이 좋아지게 됩니다.

일이 잘 풀려 나간다고 해도 경거망동해서는 안 되겠죠? 해^解에서는 짐 을 지고 수레를 타는 어리석음을 경계하라고 합니다. 짐을 등에 지고 수 레를 타는 것은 바보짓이죠. 내 짐에 집착해서 수레에 탔음에도 불구하 고 등짐을 내려놓지 않으면 바보라고 조롱당합니다. 또한 쉽게 도적의 표적이 됩니다. 조심하시기 바랍니다.

40. 解 利西南 无所往 其來復 吉 有攸往 夙吉
해 리서남 무소왕 기래복 길 유유왕 숙길

①⊗ 无咎
무 구

②⊗ 田獲三狐 得黃矢 貞 吉
전 획 삼 호 득 황 시 정 길

③⊗ 負且乘 致寇至 貞 吝
부 차 승 치 구 지 정 린

④⊗ 解而拇 朋至 斯孚
해 이 무 붕 지 사 부

⑤⊗ 君子 維有解 吉 有孚于小人
군 자 유 유 해 길 유 부 우 소 인

⑥⊗ 公用射隼于高墉之上 獲之 无不利
공 용 사 준 우 고 용 지 상 획 지 무 불 리

41

손損 : 손실이 발생할 때의
대처 요령

　일이 풀렸다고 해서 항상 좋은 상황이 이어지지는 않습니다. 일이 꼬이면서 손실이 발생할 수 있습니다. 일이 풀린다는 해解 다음에 손損이 나왔습니다. 일이 풀리는가 싶더니 손실이 발생하고 말았습니다. 이처럼 땅에 사는 사람들의 굴곡진 삶을 말하는 주역 하편에는 좋은 일만 있는 것이 아니라 손실이 나는 일도 있습니다.

　손損은 주역 하편 2차 과정의 시작입니다. 하편의 2차 과정은 손실이 나는 상황부터 시작합니다.

　손실이 나면 어찌해야 할까요? 손실이 날 때는 항상 해야 할 일이 있습니다. 첫 번째는 손실이 커지기 전에 빨리 손을 빼야 합니다. 손실이 지속되는데도 불구하고 그 손실에 매달리면 손실이 더욱 커지면서 걷잡을 수 없게 됩니다.

2008년 미국의 5대 투자은행 중 하나인 베어스턴스Bear Stearns가 서브프라임 모기지 사태 신용위기로 인해 유동성 악화로 자금난을 겪고 파산위기에 이르자 3월 16일 JP 모건체이스가 베어스턴스를 인수함으로써 미국의 금융위기는 일단 한 고비를 넘긴다. 그 당시 베어스턴스가 파산을 하게 되면 미국의 금융시장에 큰 충격이 오게 되고, 그 충격으로 전 세계에 금융위기가 올 수 있었으나 재빨리 손실을 처리함으로써 일단 금융위기를 막는 데 성공했다.

두 번째는 손실을 빨리 덜어냄과 동시에 처음으로 돌아와야 합니다. 처음으로 돌아와서 다시 시작하는 것입니다.

처음으로 돌아와서 다시 생각해보면 손실의 원인과 해법을 찾을 수 있습니다. 무슨 일이든 중도에 문제가 생기면 처음으로 돌아와서 다시 검토합니다. 그러면 해답을 얻습니다. 주역에서는 원길元吉이란 말을 참 많이 합니다. 처음부터 다시 시작하면 길하다는 뜻입니다. 손실이 나는 경우도 마찬가지로 처음에서 시작하듯이 다시 첫 머리로 돌아옵니다.

회계학에서 이미 난 손실을 매몰비용sunk cost이라고 합니다. 매몰비용이란 어떤 식으로도 건질 수 없이 사라져 버린 돈을 말합니다. 따라서 매몰비용은 생각에서 아예 지워버려야 합니다. 매몰비용을 아예 고려하지 말라는 것은 이미 지출된 비용은 생각하지 말고 처음에서 시작하듯이 다시 시작하라는 뜻입니다. 과거는 돌이킬 수 없습니다. 과거에 연연하지 말고 처음 시작하듯이 일을 추진합니다. 그것이 답입니다.

손卦에서는 어떤 일을 진행할 때 손실이 발생하더라도 내가 선택한 길이 옳은 길이라면 그 일을 그만두지 말 것을 권합니다. 무슨 일이든지 얼마간의 손실은 필연적으로 발생합니다. 얼마간의 희생은 감수하고 가라는 뜻입니다.

29번째 감괘에서 제기를 사용할 때 2개를 쓴다는 말이 있는데, 손卦에서도 똑같은 말을 합니다. 왜냐하면 하나에 문제가 생기면 다른 하나로 이를 대신할 수 있기 때문입니다. 다음 맹상군孟嘗君과 풍훤馮諼의 사례에서처럼 손실이 났을 때를 미리 대비해 다른 대책을 미리 마련해두는 것이 좋습니다.

사례 영리한 토끼는 굴을 세 개 판다

전국시대 제나라에 맹상군이 있었다. 그는 식객을 많이 거느렸는데 그 중에 풍훤이라는 사람이 있었다. 맹상군이 풍훤馮諼에게 빚을 진 백성에게서 빚을 받아오라고 시키면서 맹상군에게서 가장 부족한 것을 가져오라고 했다. 빚을 받으러 간 풍훤은 빚을 받아오기는커녕 백성들의 빚 문서를 모두 불태워버렸다. 그러고는 맹상군에게 "의義를 가져왔다"고 말했다.

나중에 맹상군이 왕의 미움을 받아 쫓겨나자 빚을 탕감받은 백성들이 백 리 밖까지 나와서 맹상군을 맞이했다. 이에 그치지 않고 풍훤은 세 사람이 가는 길에 반드시 손해 보는 한 사람이 있다고도 합니다. 세 명이 한 팀이 되어 프로젝트를 할 때 한 명은 손해를 보게 되는 경우가 있습니다. 시간과 노력을 가장 많이 투입한 사람이 가장 손해입니다. 하지만 이런 현상은 어쩔 수 없습니다.

손빈에서는 손실이 발생했을 때 빨리 처리하지 않으면 반드시 질병이 온다는 말도 합니다.

손실이 반드시 손실일까요? 아닐 수도 있습니다. 지금은 손실이지만 시간이 지나면 그것이 이익일 수도 있습니다. 손실은 이익과 그 뿌리가 같습니다.

41. 損 有孚元吉无咎 可貞 利有攸往 曷之用 二簋可用
    손 유무원길무구 가정 리유유왕 갈지용 이궤가용

    亨
    형

①효 己事 遄往 无咎 酌損之
    기사 천왕 무구 작손지

②효 利貞 征凶 弗損 益之
    리정 정흉 불손 익지

③효 三人行 則損一人 一人行 則得其友
    삼인행 즉손일인 일인행 즉득기우

④효 損其疾 使遄 有喜 无咎
    손기질 사천 유희 무구

⑤효 或益之 十朋之龜 不克違 元吉
    혹익지 십붕지구 불극위 원길

⑥효 不損 益之 无咎 貞吉 利有攸往 得臣 无家
    불손 익지 무구 정길 리유유왕 득신 무가

42

익益 : 이익은 충분히 취하는 것이 좋다

아빠가 먼저 읽고 자녀에게 추천하는 주역

손損 다음에 바로 익益이 이어집니다. 손실과 이익은 양면성을 가집니다. 손실 다음에 이익이 오고 이익 다음에 손실이 옵니다. 지금의 손실이 나중의 이익이기도 하고, 지금의 이익이 나중의 손실이기도 합니다. 이와 같이 손실과 이익은 그 뿌리가 같습니다.

이익이 나고 있을 때는 과감하게 일을 추진합니다. 주역에서는 이섭대천利涉大川이란 말이 자주 등장합니다. 큰 물을 건너서 영역을 확장하는 것이 이익이라는 것입니다. 과감하게 일을 추진하라는 뜻이죠. 익益에서는 처음부터 그림을 크게 그리라고 합니다. 터를 넓게 잡아야만 큰 그림을 그릴 수 있습니다. 터를 넓게 잡아서 큰 그림을 그리면 이익이 더욱 커집니다.

익益에서는 하늘에 제사를 지내라고 말합니다. 그 뜻은? 내가 잘 나서 이익을 얻는 것이 아니라는 것입니다. 그 이익은 하늘이 준 것입니다. 하늘이 이익을 준 데 대해서 감사의 마음으로 제사를 드리라는 것입니다. 그래야만 하늘이 그 이익을 보존할 수 있게 해줍니다.

이익이 발생하면 이를 더 많이 차지하거나 탐하려는 사람들이 생겨납니다. 공동으로 이익이 났을 때 서로 많은 몫을 차지하려고 다투기도 합니다. 이럴 때는 다툼이 일어나지 않도록 질서를 유지해야 합니다.

질서를 유지하기 위해서는 법도를 세워야 하고 규칙도 마련해야 합니다. 이는 신하들을 통솔하기 위해서 직급과 관복을 정하는 것과도 같습니다. 사전에 규칙을 정하지 않으면 이익이 났을 때 이를 서로 차지하려고 진흙탕 싸움을 벌일 수도 있고, 그 결과 이익이 손실로 바뀔 수도 있으니 주의해야 합니다.

지나친 이익은 오히려 해가 됩니다. 이익이 많아지면 사람들은 더욱더 탐욕스러워져서 이익과 손실을 구분하지 못하는 상황을 맞게 되기도 합니다. 어떤 기업이 신제품 개발에 성공해 대박이 났습니다. 그러나 그 대박이 또 날 수 있다는 것은 아닙니다. 한 번의 대박이 두 번 세 번 이어진다는 보장이 없습니다.

사례 이익이 오히려 독이 되다

1990년대 중반부터 시작된 인터넷의 확산이 불과 20년 만에 세상을 크게 바꾸어 놓았다. 1990년대 말까지도 전화선을 이용해 인터넷 망을 깔고 있었다. 인터넷 통신을 가능하게 하기 위해서는 전기적 신호를 변조modulation하고 이를 복조demodulation하는 장치가 필요했다. 이 장치를 변조와 복조의 앞 글자를 따서 모뎀modem이라고 부른다. 인터넷 가입이 급속히 증가하면서 모뎀의 공급이 부족했다. 통신사들이 모뎀 제조업체에게 대량의 구입 주문을 내곤 했다. 주문 수량이 워낙 많다 보니 한 번 주문을 받을 때마다 엄청난 이익이 발생했다. 한두 번의 납품만으로도 엄청난 돈을 벌자, 모뎀업체들이 무리하게 사업을 확장하기 시작했다. 하지만 모뎀 제조는 높은 기술력을 요하는 것이 아니어서 경쟁자들이 쉽게 치고 들어왔다. 그래서 모뎀 납품 입찰에서 탈락하는 회사가 다수 발생하게 되고 이익에 취해서 사업을 무리하게 확장하던 회사는 몇 년도 못 버티고 대부분 부도가 나버렸다.

사례처럼 이익이 마냥 좋은 결과를 가져다주지는 않습니다. 이익은 잘 관리될 때 더 큰 이익을 줍니다. 아무도 알아주지 않는 아마추어가 가요경연대회에서 우승을 해서 한꺼번에 모든 것을 얻는 경우도 있습니다. 하지만 그렇게 얻는 것은 오로지 한 번뿐입니다.

치열한 경쟁자들이 존재하는 프로의 세계에 겨우 입문한 것인데도 자신이 최고인 양 착각을 한다면 얼마 가지 않아 그의 존재는 사람들의 뇌리에서 사라지고 맙니다.

프로 데뷔 이후에 관리해야 할 일들도 많을 뿐 아니라, 경쟁자는 더욱 더 많아지고 경쟁자들의 실력 또한 자신을 능가합니다. 이처럼 이익이 한 번 발생했다고 해도 그 이익이 지속된다는 보장이 없습니다.

42. 益 利有攸往 利涉大川
익 리유유왕 리섭대천

①利用爲大作 元吉 无咎
리 용 위 대 작 원 길 무 구

②或益之 十朋之龜 弗克違 永貞 吉 王用亨于帝 吉
혹 익 지 십 붕 지 구 불 극 위 영 정 길 왕 용 형 우 제 길

③益之用凶事 无咎 有孚 中行 告公用圭
익 지 용 흉 사 무 구 유 부 중 행 고 공 용 규

④中行 告公從 利用爲依遷國
중 행 고 공 종 리 용 위 의 천 국

⑤有孚惠心 勿問 元吉 有孚 惠我德
유 부 혜 심 물 문 원 길 유 부 혜 아 덕

⑥莫益之 或擊之 立心勿恒 凶
막 익 지 혹 격 지 립 심 물 항 흉

43

쾌夬 : 터놓고 일을 추진하다

주역 상편에 소축小畜 다음의 리履가 있다면 하편에는 익益 다음의 쾌夬가 있습니다. 조금 쌓인 이후 과감히 실행에 옮기라는 리履와 이익이 났을 때 터놓고 일을 추진하라는 쾌夬는 유사한 구조를 가집니다.

쾌夬는 시작부터 시원스럽습니다. 왜냐하면 쾌夬는 왕궁王宮의 뜰에 깃발이 나부끼는 상황에서부터 시작하니까요. 깃발이 나부끼면서 걸림돌 없이 시원스럽게 일이 추진됩니다. 멋지죠? 이런 상황은 적에게는 불리하고 나에게는 유리합니다. 이는 두말할 필요가 없습니다. 그래서 쾌夬는 장壯하게 앞으로 발을 내딛는다고도 합니다. 쾌夬에서는 홀로 길을 가다가 비를 만나 얼마간 화나는 일이 있을 수도 있지만, 그런 것에 신경 쓸 필요가 없다고 합니다. 자신의 일을 굳세게 추진하기만 하면 됩니다.

사례 스마트폰 시장에서의 애플과 삼성

신제품을 개발해 자신 있게 시장에 출시했는데, 경쟁자가 유사한 제품을 내놓는다면 당황스럽다. 어떤 경우에는 경쟁자가 내놓은 제품이 훨씬 좋은 반응을 얻을 수도 있다.

스마트폰을 개발한 애플과 삼성전자의 경우를 보자. 애플이 자신 있게 아이폰을 시장에 내놓았고 그 반응이 뜨거웠다. 그러나 삼성전자가 바로 쫓아왔다. 자신이 독점할 줄 알았던 스마트폰 시장을 삼성에게 상당히 빼앗기고 말았다. 애플은 터놓고 자신의 길을 갔다. 그러다가 비를 만났다. 애플보다 삼성의 스마트폰이 훨씬 더 많이 팔렸음에도 불구하고 애플의 시장이 크게 잠식당하지는 않았다.

애플은 애플대로, 삼성은 삼성대로 원하는 결과를 얻었다. 삼성이 크게 치고 나가서 화가 나기도 하지만, 애플로서도 나쁘지는 않다. 애플은 스마트폰을 밀어붙여서 원하는 결과를 만들어냈다. 삼성 때문에 더 큰 시장을 확보하지는 못했지만, 허물이 될 일은 아니다.

터놓고 일을 추진할 때 주변에서 마냥 협조를 하는 것은 아닙니다. 더러는 게으른 사람도 있고 내 뜻에 반대하는 사람도 있습니다. 이럴 때는 어떻게 해야 할까요? 양을 끌고 가듯이 재촉도 하고 위협도 하면서 강력히 끌고가야 합니다.

상편의 리☰에서 호랑이 꼬리라도 밟으라고 한 것을 기억하시나요? 하편의 쾌☰ 역시 반대자들이나 미적거리는 사람들이 있다면 그들을 강제로 끌고갑니다. 안 따라오려고 엉덩이 땅에 붙이고 주저앉는 양☰이 없을 수 없죠. 그런 양은 채찍을 가해서라도 끌고가야 합니다.

과감하게 진행한다고 해서 모든 결과가 좋은 것은 아닙니다. 이런 경우를 가리켜서 쾌☰에서는 소리를 치지 않았는데도 끝나버렸다고 말합니다. 종료 휘슬을 불기도 전에 경기가 끝나버린 거죠.

주역 하편은 땅 위에서 살아가는 생명들의 굴곡진 삶을 설명하면서 전략을 제시하고 있다는 점을 꽤 여러 차례 얘기했습니다. 쾌夬 역시 과감하게 진행하는 과정을 설명합니다만, 그 효과가 반드시 긍정적인 것만은 아닙니다. 더러는 원하지 않는 상태로 일이 끝나버리기도 합니다.

하편의 쾌夬가 어정쩡한 결과를 가져올 수 있다는 점에서 상편의 리履와 약간 다릅니다. 사람들의 실제 삶은 상편에서 말하는 것처럼 깔끔하지 않습니다.

아빠가 먼저 읽고 자녀에게 추천하는 주역

---

43. 夬 揚于王庭 孚號有厲 告自邑 不利卽戎 利有攸往
쾌 양우왕정 부호유려 고자읍 불리즉융 리유유왕

⑬ 壯于前趾 往不勝 爲咎
장우전지 왕불승 위구

⑬ 惕號 莫夜 有戎 勿恤
척호 막야 유융 물휼

⑬ 壯于頄 有凶 君子 夬夬 獨行遇雨 若濡有慍 无咎
장우규 유흉 군자 쾌쾌 독행우우 약유유온 무구

⑬ 臀于膚 其行次且 牽羊 悔亡 聞言 不信
둔우부 기행차차 견양 회망 문언 불신

⑬ 莧陸 夬夬 中行 无咎
현륙 쾌쾌 중행 무구

⑬ 无號 終有 凶
무호 종유 흉

44
구姤 : 다루기 버거운
사람을 만나다

바로 직전 쾌夬에서 말 안 듣는 양을 억지로 끌고 가야 한다는 말이 있었던 것을 기억하나요? 말 안 듣는 상대가 양이면 채찍질하면서 끌고 갈 수 있지만, 그 상대가 드센 여자라면 어찌해야 할까요?

사사건건 트집잡는 사람은 안 만나는 것이 좋지만 그런 사람을 내 맘대로 피할 수 없는 것이 현실입니다. 구姤는 만남을 의미하는데, 그다지 좋은 만남이 아닙니다. 그래서인지 구姤에서는 드센 여자는 쓰지 말라고 합니다.

주역에서는 여자가 앞에 나서는 것은 그다지 좋아하지 않습니다. 여자는 다소간 순종적이어야 하고, 집안일을 잘 챙겨야 하는 등의 역할을 여자에게 주문하고 있습니다.

사실 드센 사람은 다루기가 무척 버겁습니다. 당당함이 지나친 드센 여자는 소통이나 설득이 무척 어렵습니다. 이런 사람은 합리적으로 행동하기 보다는 멋대로 행동하기도 하는 등 통제가 안 되죠.

구姤에서는 다루기 힘든 버거운 사람을 가리켜 마른 돼지 같다고 합니다. 이게 무슨 뜻일까요? 돼지는 고기를 얻기 위해서 기르는 짐승인데 말랐다면 쓸모가 없는 거죠. 구垢를 가리켜서 마른 돼지가 버둥대는 것과 같다고 합니다. 드센 사람을 쓰지 말라는 것과 통하는 말입니다.

드센 사람은 물고기를 싸놓듯이 숨겨두고 밖으로 내놓지 않습니다. 물고기 싼 종이를 펼치면 비린내가 납니다. 드센 사람은 역시 밖으로 내 놓으면 그 성질이 꼭 드러납니다. 그래서 밖에 내놓지 말라고 한 것입니다. 현실적으로 보면 드센 사람을 만나면, 물고기는커녕 아무 것도 건질 것이 없습니다.

드센 사람은 갯버들로 오이를 싼다고도 주장합니다. 황당하죠? 버들 가지로 오이를 어떻게 쌉니까? 하지만 막무가내로 밀어붙이는 사람은 그 런 주장을 할 수도 있습니다.

구垢에서 누군가를 만난다고 하는데 만나는 그 상대가 반드시 여자라 고만 할 수는 없습니다. 내가 상대하거나 다루기가 너무 힘든 상대를 만 나는 것이 구垢입니다. 그 상대는 사람이기도 하고 일일 수도 있습니다. 그런 상대를 만나지 않으면 좋겠지만, 삶의 과정에서 가끔 버거운 대상 을 만나 힘든 시간을 보내는 경우가 생겨납니다.

구기각垢其角이란 말이 나옵니다. 이 말은 '그 뿔을 만난다' 또는 '구垢 는 그 뿔이다' 라는 뜻이죠. 뿔은 머리의 끝에 달려 있습니다. 상대를 만 날 때 상대와 가장 가까운 거리에 있는 것이 돌출된 뿔입니다. 만남을 뜻 하는 구垢는 언제나 뒤가 아닌 앞에 놓여 있습니다. 만날 때는 앞을 마주 하고 만납니다. 뒤를 보고 만날 수는 없습니다.

눈앞에 펼쳐진 상황은 보지 않으려 해도 볼 수밖에 없습니다. 눈앞에 있는 보기 싫고 추한 상황을 보기 싫어도 보아야 합니다. 그것이 삶입니 다. 내가 보고 싶은 것만 보고, 만나고 싶은 것만 만나며 살 수는 없습니다. 여자로서 매력이 하나도 없는 드센 여자, 잡아먹지도 못하는 비쩍 마른 돼지, 먹자니 고약한 비린내 나는 물고기, 갯버들로 싼 오이와 같이 보기 싫은 상황도 보아야 합니다.

44. 姤 女壯 勿用取女
구 여장 물용취녀

⑯繫于金泥 貞吉 有攸往 見凶 贏豕孚蹢躅
계우금니 정길 유유왕 견흉 리시부척축

㊅包有魚 无咎 不利賓
포유어 무구 불리빈

㊃臀无膚 其行 次且 厲 无大咎
둔무부 기행 차차 려 무대구

㊂包无魚 起凶
포무어 기흉

㊄以杞包瓜 含章 有隕自天
이기포과 함장 유운자천

㊅姤其角 吝 无咎
구기각 린 무구

45

췌^萃 : 사람들이 모여야 일이 진척된다

사람을 모아 일을 추진한다는 뜻으로 주역 상편에 동인^{同人}이 있다면 하편에는 췌^萃가 있습니다. 췌^萃 역시 사람을 모으는 일을 말합니다.

사람을 모으는 것은 잔치를 하거나 일을 추진하기 위해서입니다. 고대에 왕이 사당에서 제사를 지내려면 사람들을 불러 모으게 되죠.

사람들을 모아 제사를 지내고 모인 사람들에게 사업의 진행을 설명하면서 협조를 구합니다. 세상에서 어떤 사업이든 혼자서 할 수 있는 것은 없습니다. 사람들을 모아야만 사업이 가능합니다. 따라서 사람을 모으는 일은 언제나 좋습니다.

사람들을 모아서 큰 사업을 벌이다보면 어쩔 수 없이 큰 희생이 필요합니다. 오늘날의 용어로 말하자면 일을 추진하는 데 자원^{resources}과 비용^{cost}이 크게 투입되어야만 큰일을 할 수 있다는 뜻입니다. 사람들을 모아 일을 크게 벌이려면 투입되는 자본^{capital} 또한 커야 합니다. 많은 사람들을 모으려면 많은 비용을 들여서 잔치를 크게 벌이듯이 말이죠.

사람들을 모았다고 해서 무작정 일이 잘 되는 것은 아닙니다. 사람들이 다시 흩어져 버릴 수도 있습니다.

아빠가 먼저 읽고 자녀에게 추천하는 주역

사람들이 모였다가도 이익이 없다고 생각하면 돌아가버립니다. 이런 점에서 동인同人과 췌萃는 다릅니다. 췌萃는 사람들을 모았다고 그것으로 일이 성사되지 않는다는 것을 짚어줍니다.

실제 사람들을 모았다고 해서 그들이 흩어지지 말라는 법이 없죠. 모였는데 이익이 되는 바가 없다면 모두 떠나버립니다. 이것이 현실입니다. 사람만 그럴까요? 식물도 마찬가지입니다. 생육 조건이 좋으면 식물들이 군락을 이루며 잘 자랍니다. 그러다가 환경이 나빠지면 군락이 사라집니다. 모였다가 흩어졌다가 하는 것이 땅에서 일어나는 현상입니다.

사람들을 모았는 데 일이 잘 안 되고 사람들로부터 비웃음을 사는 때도 있습니다. 하지만 남들이 웃는다고 해서 걱정하지 마십시오. 사람들을 모아 일을 추진하는데 항상 협조만 있을 수는 없습니다. 얼마간의 반대나 조롱이 없을 수 없죠. 잠시 걱정이 생겨나지만 그래도 일은 추진해야 합니다.

일을 추진하다보면 탄식할 때도 있습니다. 그럴 때면 사람들에게 호소하십시오. 모인 사람들에게 어려운 형편을 설명하면서 호소하면 의외로 그들이 쉽게 협조하는 수가 있습니다.

사람들을 이끌고 가는 방법들은 여러 가지가 있습니다. 위협威脅도 있고, 설득說得도 있고, 호소呼訴도 있죠. 때로는 눈물로 호소하는 것도 좋은 방법 중 하나입니다.

췌萃에서는 여자들이 모여서 곡哭을 하는 것이 반드시 나쁜 것은 아니라고 말합니다. 췌萃의 마지막에 보면 여자들이 가지런히 모여 탄식하며 우는 것이 허물이 아니라는 말이 있습니다. 군중을 이끌 때 여자들이 눈물을 보이면 의외로 쉽게 통할 수도 있습니다. 군중은 여자의 눈물에 흔들리기 쉽기 때문이죠.

---

45. 萃 亨 王假有廟 利見大人 亨利貞 用大牲吉 利有
　　췌 형 왕가유묘 리견대인 형리정 용대생길 리유
　　攸往
　　유왕

①효 有孚 不終 乃亂乃萃 若號一握爲笑 勿恤 往 无咎
　　유부 부종 내란내췌 약호일악위소 물휼 왕 무구

②효 引 吉 无咎 孚乃利用禴
　　인 길 무구 부내리용약

③효 萃如嗟如 无攸利 往 无咎 小吝
　　췌여차여 무유리 왕 무구 소린

④효 大吉 无咎
　　대길 무구

⑤효 萃有位 无咎 匪孚元永貞 悔亡
　　췌유위 무구 비부원영정 회망

⑥효 齊咨涕洟 无咎
　　제자체이 무구

아빠가 먼저 읽고 자녀에게 추천하는 주역

46

승ᵗ : 너무 잘 나간다

승ᵗ은 곡식의 양을 재는 되를 말합니다. 되로 곡식의 양을 재듯이 잘 나가는 것을 뜻하죠. 손ᵗ에서 시작된 주역 하편의 2차 과정은 잘 나가는 승ᵗ으로 마무리됩니다.

승에 이르기까지를 살펴보면 손실이 발생하는 손ᵗ, 이익이 나는 익ᵗ, 터놓고 일을 진행하는 쾌ᵗ, 그러다가 버거운 여자를 만나는 구ᵗ, 사람들을 모아 일을 추진하는 췌ᵗ를 거쳤습니다. 이를 가리켜 우여곡절이라고도 할 수 있겠죠? 어쨌든 승ᵗ은 잘 나가는 때입니다.

잘 나갈 때는 일을 주저 없이 진행하는 것도 필요하고, 조심하는 것도 필요합니다. 상편의 대유ᵗᵗ나 대축ᵗᵗ에 해당하는 것이 하편의 승ᵗ입니다만, 하편에서는 늘 주의 사항이 붙어 있다는 것을 명심하십시오.

파죽지세로 성공을 거머쥐었다고 해도 그것이 끝이 아니라 시작일 수 있습니다. 우물 안을 점령한 개구리와 같을 수도 있습니다. 그래서 승ᵗ에서는 경건한 마음으로 하늘에 제사를 지내라고 말합니다. 주역에서 제사를 지내라는 것은 마음을 씻어내라는 의미와 같습니다 이 점을 항상 생각하십시오. 이는 하늘에 겸손하라는 말과 같습니다.

하늘을 믿고 하늘의 뜻에 따라서 살아가시기 바랍니다. 그러면 늘 좋은 결과가 나옵니다. 나쁜 일이 일어나면 나쁜 일을 반전시키기 위해 경건한 마음으로 하늘에 제사를 지내고, 좋은 일이 일어나면 좋은 일이 지속되기를 바라면서 하늘에 제사를 지냅니다.

생각해보세요. 하늘은 만물의 근원입니다. 하늘이 모든 것을 주었습니다. 음식과 술을 차려서 하늘에 제사를 지낼 때 하늘이 이를 받아 먹을까요? 그 음식과 술은, 모두 사람이 먹습니다.

제사란 하늘과 통하기 위한 의식입니다. 사람이 먹을 음식을 사람이 먼저 먹지 않고 하늘에 제사를 지내 하늘의 뜻을 거스르지 않는다는 것을 맹세한 후에 사람들이 그 음식을 먹습니다. 이러한 하늘을 잘 이해하십시오. 그래서 20번째 관觀에서 씻고도 제사상에 올리지 않았어도 하늘은 다 보고 있다고 한 것을 기억하시기 바랍니다.

승升은 아무나 차지할 수 있는 빈 고을이라고 합니다(승허읍). 유럽인들이 아메리카 대륙에 처음 진출했을 때, '이곳은 내 땅이다'라고 써서 말뚝만 박아 놓으면 내 땅이 되던 시절이 있었습니다. 임자 없는 땅이니 먼저 차지하면 그대로 내 소유물이 되는 참 쉬운 상황입니다. 여러 힘든 과정을 거쳐서 경험을 쌓은 다음에는 승升처럼 어렵지 않게 잘 나가는 때가 옵니다.

주역 하편에서 경고문 없이 승升을 마감하지는 않겠죠? 하편 2차 과정을 마무리하면서 경고가 없을 리 없죠. 승升은 잘 나가지만 마지막에 가면 어두워진다고 말합니다(명승冥升). 일이 마냥 쉽게 풀리지는 않습니다. 지금 잘 풀려도 어둡고 막히는 때가 반드시 옵니다. 이것이 현실입니다. 쉬지 말고 해야 할 일을 열심히 하는 것이 이익입니다.

2011년 8월 24일 서울시장으로 승승장구하던 오세훈은 저소득층 50%에게 선별적으로 무상급식을 하자는 안을 주민투표에 부쳤다. 투표 결과 최종투표율 25.7%로 투표함을 개봉할 수 있는 투표율 33.3%를 달성하지 못했고, 오세훈 시장은 서울시장직을 사퇴했다.

잘 나가던 오세훈 시장이었지만, 무상급식을 협상으로 해결하지 못하고 무리하게 주민투표에 부쳐서 결국 서울시장에서 물러나야 했다. 그 결과 오세훈 시장과 대립했던 야당뿐만 아니라 여당에서도 환영받지 못하는 불운을 겪었다.

잘 나갈 때는 조심하고 또 조심해야 합니다. 사리에 맞지 않는 엉뚱한 일을 벌이면 그 결과가 좋지 않습니다. 자칫하면 나락으로 떨어지는 끔찍한 일을 당할 수도 있으니까요.

46. 升 元亨 用見大人 勿恤 南征吉
승 원형 용견대인 물휼 남정길

①효 允升 大吉
　　윤승 대길

②효 孚 乃利用禴 无咎
　　부 내리용약 무구

③효 升虛邑
　　승허읍

④효 王用亨于岐山 吉 无咎
　　왕용향우기산 길 무구

⑤효 貞吉 升階
　　정길 승계

⑥효 冥升 利于不息之貞
　　명승 리우불식지정

47

곤困 : 아무도 내 말을 들어
주지 않는다

직전 괘卦를 생각해보세요. 뭐였죠? 잘 나간다는 승升이었습니다. 잘 나
갈 때 조심하지 않으면 나락으로 떨어진다고 했었죠? 그렇습니다. 잘 나
갈 때 조심해야 하는데, 그렇지 못하는 것이 사람입니다. 결국 사방이 꽉
막힌 감옥에 갇힌 것처럼 어려운 상황을 만나고 맙니다. 이것이 인생이
죠.

곤困은 하편 3차 과정의 시작입니다. 그러고 보니 하편 모든 과정의 시
작은 늘 힘겨운 상황이네요. 첫 번째 시작이 물러나는 돈遯, 두 번째 시작
은 손해 보는 손損, 그리고 세 번째가 곤困입니다. 1~3차 과정 모두 힘겨운
상황에서 시작됩니다. 이것이 바로 현실의 삶 아닐까요?

주역 하편 첫 번째 과정을 마감하는 해解에서 필자의 실제 삶을 말한
적이 있었는데, 그 과정을 따져 보면 필자 역시 힘들고 암담한 과정에서
부터 출발을 했습니다.

필자는 태어남 그 자체부터가 곤[困]이었다. 홍역이나 이하선염과 같은 소아병이 있었다. 필자는 유아 시절 아마도 이하선염과 같은 질병을 앓은 것 같다. 그 질병의 치료과정이 너무 힘들어서 필자의 아버지께서는 필자를 살리기 위해서 쓴 돈을 쌓으면 필자의 키보다 더 높을 거라고 말씀하시곤 했다.

1960년대 중반, 산골짜기나 다름없는 시골 마을에서 태어났으므로 제대로 치료를 받았을 수도 없었으며 병의 치료를 위해서 독한 약을 너무 많이 먹었다고 한다. 그래서인지 늘 병약했다. 따라서 사는 것 자체가 곤[困]의 상황이었다.

병약해서 1년 내내 감기를 달고 살았고, 코는 늘 헐어서 피가 났다. 헌 코 치료하느라고 치료 효과도 별로 없는 살구씨 기름을 엄청 발랐던 기억이 선명하다. 신장이 나빠서 몸이 퉁퉁 붓기도 했으며, 밥 먹은 지 두어 시간만 지나도 속이 쓰렸다.

10대에는 밭에서 일하다 쓰러져서 병원에 실려 간 적도 있었고, 무릎 관절통으로 20대를 고통스럽게 보낸 적도 있었다. 그야말로 사방이 꽉 막힌 곤[困]의 환경에서 살아가야 했었다.

하지만 그 곤[困]의 상황에서 벗어나기 위하여 부단히 노력한 덕에 세상을 보는 눈이 밝아지게 되었다. 처음엔 상상도 못했던 일이었다.

하늘이 준 것은 모두가 다 소중합니다. 그것이 비록 곤(困)이어도 말입니다. 하늘이 내게 고통과 시련을 준 것은 그만큼 그 고통과 시련이 내게 중요한 의미를 가지기 때문입니다. 하늘이 준 것이라면 항상 감사하게 받들어야 합니다. 그러면 진짜 큰 것을 얻습니다.

어쨌든 잘 나갈 때 조심하지 않으면 곤(困)으로 추락한다는 점을 늘 기억하십시오. 다음 사례와 같은 상황이 바로 곤(困)입니다.

사례 황당한 누명을 쓴 남자

시청광장에 사람들이 모였다. 집회를 하는 중이다. 갑자기 경찰이 호루라기를 불면서 군중 속으로 뛰어들었다.

아내와 함께 그 장소에 있었던 한 남자도 그 광경을 보고 있었다. 어떤 여자가 소매치기를 당했다고 소리를 지르고 경찰이 달려왔다.

경찰이 아내의 손을 잡고 있던 그 남자를 체포한다. 당황한 남자는 경찰에게 거칠게 항의한다. 여자의 지갑을 훔치지 않았다고 했다. 그런데 아뿔싸. 그 여자가 소매치기를 당했다고 말했던 지갑이 그 남자의 주머니에 꽂혀있는 것이 아닌가! 소매치기가 도망가면서 지갑을 남자의 주머니에 쑤셔 박은 것이었다. 남자는 절대로 지갑을 훔치지 않았다고 주장했고, 그의 아내 역시 남편의 손을 잡고 있었노라고 했지만, 경찰은 믿지 않는다. 이런 상황은 그야말로 말 그대로 곤(困)이다. 아무리 결백을 주장해도 받아들여지지 않는다.

곤困은 말을 해도 사람들이 믿지 않는 상황을 말합니다. 아무리 옳은 말을 해도 사람들이 믿지를 않으니 어찌할 방도가 없습니다. 지금의 형국形局이 나 때문에 발생한 것이 아닌데도 사람들은 나를 지목하면서 내게 책임을 덮씌웁니다. 그 어떤 해명을 해도 통하지 않죠. 올가미에 단단히 걸린 상황이어서 빠져나갈 길이 없습니다.

곤困은 나무그루터기처럼 아무 쓸모가 없는 것을 가리킵니다. 이럴 때는 깊은 산중에 들어가서 3년간은 눈에 띄지 말라고 합니다. 먹을 것도 부족해서 삶을 이어가기가 힘겨운 상황이 또한 곤困입니다. 사방에는 사슴 가죽 채찍을 휘두르는 적들뿐입니다. 이것이 바로 곤困입니다. 돌멩이나 병든 명아주풀과 같이 아무런 쓸모가 없습니다. 멀리서 금수레가 오고 있습니다. 그런데 그 금수레는 시간이 흘러도 가까워지지 않습니다. 분명 헛것을 본 것입니다. 나는 아무 잘못도 없는데 코 베이고 발 뒤꿈치 베이는 형벌을 받고 채찍질을 당합니다.

곤困에서는 정성껏 하늘에 제사를 지내라고 합니다. 이는 두말할 필요가 없습니다. 상황이 꽉 막혀서 돌파구가 없는데 무슨 일을 하겠습니까? 정성을 다해서 하늘에 제사를 지냅니다.

상황이 조금이라도 나아지는 기미가 보이면 강력하게 곤困을 돌파합니다. 왜냐하면 곤困이라고 해도 영원히 지속되지는 않기 때문입니다. 틈이 보일 때 오히려 선제공격을 함으로써 곤困의 상황을 뚫고 나갑니다. 기회를 엿보다가 단단한 마음을 먹고 힘겨운 상황에서 강력히 탈출합니다.

47. 困 亨貞 大人吉无咎 有言不信
곤 형정 대인길무구 유언불신

① 臀困于株木 入于幽谷 三歲不覿
둔 곤우주목 입우유곡 삼세부적

② 困于酒食 朱紱方來 利用亨祀 征凶 无咎
곤우주식 주불방래 리용형사 정흉 무구

③ 困于石 據于疾藜 入于其宮 不見其妻 凶
곤우석 거우질려 입우기궁 불견기처 흉

④ 來徐徐 困于金車 吝 有終
래서서 곤우금거 린 유종

⑤ 劓刖 困于赤紱 乃徐有說 利用祭祀
의월 곤우적불 내서유열 리용제사

⑥ 困于葛藟 于臲卼 曰 動悔 有悔 征 吉
곤우갈류 우얼귀 왈 동회 유회 정 길

48

정井 : 너도 나도 어리석은 인간들이다

곤困의 상황에서 빠져나왔다고 해서 세상이 그다지 달라지지 않습니다. 더욱 더 부지런히 노력하고 현명하게 처신해야 합니다. 하지만 사람들이 그렇게 현명할까요? 아닙니다. 기껏 어려운 환경에서 탈출하고서 또 어리석은 짓을 하는 것이 사람입니다.

우물을 뜻하는 정井은 사람들의 어리석음에 대해 정곡正鵠을 찌르고 있습니다. 마을을 정비했으나 우물을 고치지 않아 먹을 물이 없는 상황을 정井이라고 합니다. 예를 들면 신도시를 건설했는데 수도관을 개설하지 않은 경우입니다.

먹을 물이 없다면 아무리 화려한 도시를 건설해도 소용이 없습니다. 생명 유지에 필요한 물이 없는데, 그밖의 것들이 무슨 소용이 있겠습니까?

기업을 인수했는데, 핵심 기술 인력이 모두 퇴사를 해버려서 껍데기만 인수한 꼴이다. 좋은 땅이라고 해서 샀는데, 그 땅으로 들어가는 길이 없는 맹지盲地다.

《노인과 바다》라는 헤밍웨이의 소설을 보자. 기껏 노력해서 참새치 잡았는데, 그것을 배에 매달고 항구로 돌아와 보니 상어 떼가 다 뜯어 먹고 뼈만 앙상하게 남았다. 그 노인은 무엇을 하러 바다에 나갔던 것일까? 피나는 사투 끝에 참새치를 잡았지만 상어 배만 불려주는 꼴이 되고 말았다.

그동안의 노력이 아무런 결실도 맺지 못하고 허망하게 끝나버리는 것이 정井입니다.

우물이 말라버려서 물을 먹을 수 없다면 그 우물에는 사람뿐만 아니라 새도 날아오지 않습니다. 쓸쓸하죠. 정井에서는 활로 붕어를 쏘았더니 항아리가 깨져서 물이 샌다고 합니다. 항아리에 든 붕어를 왜 활로 쏩니까? 그냥 손으로 잡으면 될 것을. 이처럼 사람의 어리석음은 끝이 없습니다.

이순신은 왜적 해군과 싸울 때마다 진 적이 없었다. 이를 곁에서 보고 있는 원균은 환장할 노릇이다. 아무리 봐도 이순신이 자기보다 잘난 것도 없고 사내답지도 않고 더군다나 무장武將 같아 보이지도 않는데 싸울 때마다 승리를 했다. 수군을 지휘하면서부터 이순신의 그늘에 가려진 자신이 한심하기 짝이 없을뿐 아니라 이순신이 눈엣가시다. 원균의 입장에서 볼 때 이순신은 목에 걸린 가시 같은 존재다. 이러다가는 전공戰功이 모두 이순신에게 넘어가게 생겼다.

그런데 이게 웬일? 부산포를 처부수라는 임금의 명을 이순신이 거역한다. 드디어 기회를 잡았다. 이순신이 한양으로 압송되자 원균은 쾌재를 부른다. 이순신도 하는데 내가 못할 것이 없다고 생각했다.

원균이 칠천량에서 왜군과 맞붙었다. 원균은 활을 당겨 항아리에 든 붕어를 쏘듯이 어리석은 행동을 한다. 전쟁은 힘으로만 한다는 생각뿐이었기 때문에 힘껏 화살을 당겨 항아리의 붕어를 쏘아 맞춘 격이다. 붕어가 맞기 전에 항아리가 박살이 난 것이다. 무대뽀로 왜군과 맞선 원균은 대패하고 만다. 대패한 원균은 중얼댄다. '진짜 되는 일이 없네. ××'

원균의 처지가 바로 정괘井卦의 진짜 모습입니다. 왜? 어느 멍청이가 고을을 고치고 우물을 안 고칠 수 있던가요! 그런데 진짜 멍청이는 고을을 고치고도 우물을 고치지 않는 경우입니다. 왜 우물을 고쳐야 하는지를 아무리 설명해줘도 모르기 때문입니다.

이순신이 자신의 승리 비결을 원균에게 설명해준다고 해도 소용이 없습니다. 원균이 이해할 리가 없습니다. 항아리에 든 붕어를 잡으려고 화살을 쏘는 멍청이를 무슨 수로 설득하겠습니까?

정井에서는 찬 우물이라도 발견하게 되면 그 우물을 덮지 말고 다른 사람들도 물을 먹을 수 있도록 배려하라고 합니다. 그렇습니다. 또 다른 어리석은 사람들을 조금이나마 깨우쳐주는 것도 필요합니다. 우물을 덮지 말고 다른 사람들에게도 그 우물을 사용할 수 있도록 해줘야 합니다.

48. 井 改邑不改井 无喪无得 往來 井井 汔至 亦未繘井
　　정 개읍불개정 무상무득 왕래 정정 흘지 역미율정
　　嬴其瓶 凶
　　리기병 흉

①初 井泥不食 舊井 无禽
　　정니불식 구정 무금
②二 井谷 射鮒 甕敝漏
　　정곡 사부 옹폐루
③三 井渫不食 爲我心惻 可用汲 王明 並受其福
　　정설불식 위아심측 가용급 왕명 병수기복
④四 井甃 无咎
　　정추 무구
⑤五 井 冽寒泉食
　　정 렬한천식
⑥六 井收勿幕 有孚 元吉
　　정수물막 유부 원길

49

혁革 : 나로부터 개혁이
시작된다

개혁改革 또는 혁신革新을 뜻하는 혁革의 본뜻은 가죽입니다. 잡아매는 끈 중에 제일 단단한 것이 가죽입니다. 그 가죽으로 붙들어 매듯이 단단히 묶어서 풀리지 않도록 하는 것이 바로 혁革입니다.

혁革 이전의 곤困과 정井의 상황을 생각해보세요. 기껏 곤경에서 빠져나와 하는 짓이 어리석음뿐이니 이를 가죽끈으로 단단히 묶어서 바꾸지 않으면 안됩니다. 어설피 묶으면 가죽끈이 풀어져 버립니다.

끊어지거나 풀어지지 않도록 단단히 묶어야만 개혁은 성공할 수 있습니다. 혁革은 철저히 바꾸는 것입니다. 기존의 것들을 모두 버리는 일이죠. 이것은 쉽지 않습니다. 왜냐하면 버려야 할 대상에는 나도 포함되니까요.

이상사회를 꿈꾸는 철학자가 있었다. 그의 이상주의 철학이 너무나 좋아 보인 한 임금이 그를 초청했다. "내 나라를 당신이 원하는 이상 적인 사회로 만들어 주시오"라고 임금이 부탁을 했다. 철학자는 나라 를 이상적인 나라로 만들기 위해 현실 상황을 분석했다.

이상적인 사회를 만들기 위해서는 기존의 질서를 완전히 바꾸는 개 혁이 필요했다. 그런데 문제는 그 개혁의 대상이 바로 임금 '자신'이 었다. 임금부터 개혁을 하지 않으면 철학자가 말했던 이상사회는 영 원히 불가능했다. 임금이 자리에서 물러나도록 해야만 개혁이 가능했 다. 이런 끔찍한 일이! 이 상황을 임금이 알게 되었고, 철학자는 목숨 을 잃지 않기 위해 필사적으로 나라밖으로 도망쳤다.

개혁은 나로부터 시작해야 합니다. 그러니 얼마나 고통이 크겠습니 까? 가죽으로 단단히 동여맸다고 해도 그것을 풀어버리고 싶을 때가 한 두 번이 아닐 것입니다. 그럴 때마다 마음을 다져야 합니다.

한 번 묶은 가죽끈은 절대로 풀어서는 안 됩니다. 가죽끈을 풀거나 그 끈이 풀려 버리면 모든 것이 다시 수포로 돌아갑니다.

지긋지긋하게 힘겨운 곤(困)이나 정(井)의 상황으로 되돌아가고 싶은 사람 은 없습니다. 그러니 풀어지지 않도록 마음을 단단히 동여매고 버텨야 합니다. 혁(革)에서는 힘들 때마다 혁신을 세 번씩 외치라고 합니다. 마음을 다지기 위해서죠.

혁^革에서는 믿음이 있다면 운명도 바꾼다고 합니다(유부개명有孚改命). 믿으세요. 혁신은 반드시 나를 바꾸고 세상을 바꿉니다. 강력한 믿음은 운명마저도 바꿉니다. 3천 년 전에도 주역에서 믿음이 운명을 바꾼다고 말하고 있습니다. 그만큼 주역은 대단한 책입니다.

주역을 쓴 주공은 개혁을 수없이 해본 경험이 있는 사람이죠. 믿음이 운명마저 바꾼다는 이 말은 나라도 세워보았고 정치 시스템도 정비해보았던 주공의 경험이 잘 드러난 말입니다. 강한 신념을 가지고 나로부터 개혁을 추진하면 결국 운명은 바뀌게 돼 있습니다.

혁^革에서 대인^{大人}은 호랑이가 변한 것이며 점을 치지 않고도 믿음이 있다고 합니다(대인호변 미점유부大人虎變 未占有孚). 큰 인물은 호랑이의 기상을 가졌고, 사소한 일보다는 중추적인 역할에 충실한 사람입니다. 주역에서 말하는 대인은 군자보다도 큰 인물입니다. 왜냐하면 호랑이의 기상을 가진 대인과 달리 군자는 표범이 변한 것이라고 했으니까요. 그런 대인은 점을 치지 않고도 믿음이 있다고 합니다. 많은 사람들이 점서라고 믿고 있는 주역에서 점을 치지 않는다는 말이 나오는 것에 주목하십시오. 신념이 확고하면 점을 칠 필요가 없습니다. 점을 친다는 것 자체가 운명에 대한 나약함을 그대로 보여주는 것이 아닐까요?

혁^革의 마지막에서는 바르게 살 것을 강조합니다. 정직하고 바른 삶이 정답입니다. 꿈만 꾸기보다는 믿음을 가지세요. 그것이 성공의 길입니다. 그리고 정직하고 성실하게 일하시기 바랍니다. 그것이 인생의 성공을 위한 밑거름이 됩니다.

49. 革 己日 乃孚 元亨利貞 悔亡
혁 기일 내부 원형리정 회망

①鞏用黃牛之革
공 용 황 우 지 혁

②己日 乃革之 貞 吉 无咎
기 일 내 혁 지 정 길 무 구

③征 凶 貞 厲 革言三就 有孚
정 흉 정 려 혁 언 삼 취 유 부

④悔亡 有孚 改命 吉
회 망 유 부 개 명 길

⑤大人虎變 未占 有孚
대 인 호 변 미 점 유 부

⑥君子豹變 小人 革面 征 凶 居貞 吉
군 자 표 변 소 인 혁 면 정 흉 거 정 길

50
정鼎 : 밥 짓는 솥은 집안의 보물이다

정鼎은 말 그대로 음식을 조리해 먹을 수 있는 솥을 말합니다. 개혁에 성공을 하면 먹을 식량이 풍부해집니다. 그래서 밥을 해 먹을 수 있는 솥이 있는 것과도 같습니다. 이때부터는 밥 먹을 걱정을 안해도 됩니다.

솥은 항상 삶의 기본입니다. 예전에 전쟁이 나서 피난을 갈 때도 솥은 꼭 등에 지고 갔습니다. 솥은 식생활의 기본입니다.

솥은 아주 중요합니다. 솥은 항상 중요한 자리에 놓여야 합니다. 하지만 솥을 사람들이 자주 다니는 길목에 놓아두어서는 안 됩니다. 잘못하면 솥을 엎어버릴 수 있으니까요.

솥에는 음식이 들어 있어야 합니다. 음식이 없는 솥은 쓸모가 없습니다. 솥이란 조리의 수단이지, 음식 자체는 아니죠.

솥을 말하는 정鼎은 무난한 상황입니다. 솥을 엎어버리지만 않는다면 문제가 될 것이 없죠. 꿩고기까지 먹지는 못하더라도 음식을 조리해 먹을 수 있다는 것 자체가 행복한 거니까요.

맹자는 늘 생산이 있어야 한결같은 마음이 있다고 했다. 먹을거리가 없으면 사람의 마음이 어찌 변할지 모른다. 공자 역시 배가 고프지 않아야 백성들이 예禮를 지킨다고 했다.

집안에 솥이 있다는 것은 먹을거리가 있다는 것입니다. 먹을거리가 있으면 마음이 편안하고 여유가 생깁니다.

솥이 얼마나 좋았던지 정鼎에서는 솥귀를 황금이거나 옥이라고도 합니다. 황금이나 옥으로 솥귀를 만들 리는 없지만, 솥이 얼마나 귀한 보물이었으면 황금이나 옥이라고 했을까요?

---

50. 鼎 元吉亨
　　정 원 길 형

① 鼎 顚趾 利出否 得妾以其子 无咎
　정 전지 리출비 득첩이기자 무구

② 鼎 有實 我仇 有疾 不我能卽 吉
　정 유실 아구 유질 불아능즉 길

③ 鼎 耳革 其行塞 雉膏不食 方雨虧悔
　정 이혁 기행색 치고불식 방우휴회

④ 鼎 折足 覆公餗 其刑剭 凶
　정 절족 복공속 기형옥 흉

⑤ 鼎 黃耳金鉉 利貞
　정 황이금현 리정

⑥ 鼎 玉鉉 大吉 无不利
　정 옥현 대길 무불리

51

진震 : 주변에서 아무리
떠들어도 개의치 마라

천둥과 번개가 치면 두렵습니다. 과학지식이 부족한 때에 살던 고대에는 더 무서웠을 것입니다. 하지만 가만히 생각해보세요. 천둥과 벼락이 친다고 해도 이 세상은 달라지지 않습니다.

천둥과 번개가 치면서 비가 풍족히 내려 만물의 생장을 돕습니다. 번개가 치는 것이 무섭고 떨리는 상황 같지만 실제로는 유익한 것입니다. 이것이 바로 진震의 진짜 뜻입니다.

내 주변에서 천둥과 번개가 친다고 해도 신경 쓰지 마십시오. 그냥 천둥이 치고 번개가 치라고 내버려 두십시오. 시간이 가면 천둥과 번개는 그칩니다.

주변에서 시끄럽게 굴어도 나에게 해가 오지 않습니다. 그냥 묵묵히 내가 해야 할 일만 하십시오. 그러면 좋은 일이 생깁니다. 괜히 주변의 시선이나 말에 휘둘리지 마십시오.

진震에서는 천둥과 번개가 쳐도 잃은 것이 없고 해야 할 일만 있다고 말합니다. 봄에 천둥과 번개가 치고 비가 내리면 이후에 곡식을 심을 일이 생기는 것을 말합니다.

천둥이 친다고 해서 활과 화살을 놓고 도망갈 필요가 없습니다. 그냥 있으면 됩니다. 진震은 천둥이 친다고 궁핍해지는 것이 아니라 오히려 도움이 된다고 말하고 있습니다.

주역 상편의 뼈대가 건곤감리乾坤坎離라면, 하편의 뼈대는 진간손태震艮巽兌인데요, 진간손태震艮巽兌의 진震의 의미가 바로 남들 시선이나 말에 신경 쓰지 말고 내 일을 하라는 것입니다. 당나귀를 메고 가는 아버지와 아들 우화를 기억하시죠? 남의 말에 신경을 쓰다 보니 아버지와 아들이 당나귀를 메고 가는 우스꽝스런 일까지 하고 맙니다. 천둥과 번개가 친다고 해서 세상이 달라지지 않습니다. 두려워 말고 해야 할 일을 그냥 하십시오.

51. 震 亨 震來虩虩 小言啞啞 震驚百里 不喪匕鬯
　　진 형 진래혁혁 소언아아 진경백리 불상비창

⑬震來虩虩 後 小言啞啞 吉
　진래혁혁 후 소언아아 길

⑫震來 厲 億喪貝 躋于九陵 勿逐 七日得
　진래 려 억상패 제우구릉 물축 칠일득

⑬震 蘇蘇 震行 无眚
　진 소소 진행 무생

⑭震 遂泥
　진 수니

⑮震 往來 厲 億无喪有事
　진 왕래 려 억무상유사

⑯震 索索 視 矍矍 征 凶 震不于其窮于其隣 无咎 婚媾有言
　진 삭삭 시 확확 정 흉 진불우기궁우기린 무구 혼구유언

52

간艮 : 산은 언제나 그 자리에 있지만 할 일 다 한다

아빠가 먼저 읽고 자녀에게 추천하는 주역

간艮은 산을 뜻합니다. 방위로는 동북방이라고 해서 한반도의 위치를 간방艮方이라고도 합니다.

산을 뜻하는 간艮은 땅 그 이상으로 중요합니다. 땅과 마찬가지로 산은 움직이지 않습니다. 그러면서 산은 땅이 가진 성질을 다 가지고 있습니다.

산은 물을 흘려보냅니다. 온갖 새와 짐승들의 낙원입니다. 땅보다 훨씬 더 많은 것을 제공하는 것이 산입니다. 제자리에 가만히 있지만 할 일을 다 하는 존재이며 자신이 있던 자리에서 천년만년 세월을 보냅니다. 그래서 산은 땅을 말하는 곤坤처럼 그 이로움이 영원합니다. 또한 산은 생명에게 영원한 이로움을 줍니다. 그러므로 산의 성질 역시 땅처럼 사랑입니다.

산山을 사람의 신체로 말하자면 장딴지와 같습니다. 사람을 버티는 기둥이 장딴지라면 산은 이 세상을 버티는 기둥입니다. 산은 홀로 서서 세상을 유지하는 버팀목입니다.

누가 뭐라 하든지 산은 꿈쩍도 하지 않습니다. 산은 제 할 일을 충실하게 해냅니다.

산은 삶의 경계이기도 합니다. 산이나 강을 기준으로 해서 사람들이 사는 곳을 나눕니다. 이 산과 저 산에 사는 생명들이 다르며 산은 여우와 토끼를 떼어놓기도 합니다. 이들에게는 서로의 영역이 있기 때문입니다. 산은 각자의 영역을 존중해줍니다.

산은 마치 사람의 몸과 같아 몸에서 피가 흐르고 신경이 분포하며 뼈가 있고 살이 있습니다. 산에는 물이 땅과 지하로 흐르고 나무가 자라고 바위가 있습니다. 길이 있고, 양지와 음지가 있습니다. 계곡이 있고 능선도 있습니다.

산에 있는 것들은 순서가 바뀌지 않습니다. 물이 계곡을 따라 흐르지 능선을 따라 올라오지 않습니다. 산에는 봄·여름·가을·겨울이 순환하는 질서가 늘 유지됩니다.

앞에서 말한 대로 산은 땅처럼 한없는 사랑입니다. 항상 사람에게 도타운 존재입니다. 자신의 위치를 결코 벗어나지 않으면서 할 일을 다 하기에 아름답고 고마운 존재입니다.

52. 艮 其背 不獲其身 行其庭 不見其人 无咎
   간 기배 불획기신 행기정 불견기인 무구

①艮其趾 无咎 利永貞
   간기지 무구 리영정
②艮其腓 不拯其隨 其心不快
   간기비 부중기수 기심불쾌
③艮其限 列其夤 厲 薰心
   간기한 열기인 려 훈심
④艮其身 无咎
   간기신 무구
⑤艮其輔 言有序 悔亡
   간기보 언유서 회망
⑥敦艮 吉
   돈간 길

53

점漸 : 순서에 맞춰 일을 진행한다

점漸은 점차 나아가는 질서를 뜻하며 이를 기러기에 비유하고 있습니다. 충분히 준비를 마쳤다면 기러기가 부드러운 날갯짓을 하며 날아오르듯이 일을 진행합니다. 준비만 하고 일을 진행하지 않으면 소용이 없습니다. 일단 시작하면 난관이 오더라도 전략을 수정하면서 돌파합니다. 그러면 어느 순간 목표를 향해 가고 있음을 깨닫게 됩니다. 힘이 들면 잠시 쉬면서 전략을 점검하는 여유도 괜찮습니다.

점漸은 여자가 돌아왔다는 말로 시작합니다. 여자가 돌아왔으니 집안이 안정을 찾을 수 있습니다. 채비를 갖추고 집안일을 시작할 때가 된 거죠. 집안 청소도 하고, 가재도구도 챙기고, 농사를 시작하기 전에 준비도 갖춥니다. 이제부터는 슬슬 사업에 진입을 시작해야 합니다.

여자가 없는 집은 텅 빈 것 같습니다. 집안에 여자가 있어야 제대로 가정을 꾸릴 수 있습니다. 여자가 가정을 잘 꾸리면 안심하고 일을 추진해도 좋습니다. 이제부터 기러기가 날아 오르듯이 앞으로 나아갑니다.

일이 순조롭게 진행되려고 하니 집안으로 돌아온 여자가 임신까지 합니다. 집안에 경사가 났습니다. 이때 우아한 날갯짓을 하며 기러기가 날아오르듯 한껏 자태를 뽐냅니다. 발 아래로는 너른 땅이 펼쳐져 있습니다. 힘껏 날개를 퍼덕이며 멀리 날아도 좋습니다. 가끔은 날개를 펴도 날기 어려운 상황이 오지만, 크게 신경 쓰지 않아도 됩니다. 임신한 여자가 몸 관리를 소홀히 해서 탈이 날 수도 있지만, 그것이 큰 문제로 발전하지는 않습니다.

기러기의 특성은 하늘을 나는 것입니다. 하지만 하늘을 나는 기러기도 언젠가는 땅으로 내려와야 합니다.

마냥 하늘에 머물 수는 없습니다. 기러기의 먹이 또한 하늘이 아닌 땅에 있습니다. 잘 생각해보세요. 하늘을 나는 기러기가 우아하고 멋져 보이지만 실상 기러기의 생활은 땅에 있습니다.

기러기는 반드시 땅으로 내려와야 합니다. 땅으로 내려온 기러기는 날개를 접습니다. 그 날개가 아무리 우아해도 땅에서 날개를 뽐내며 걸어 다닐 수는 없습니다. 땅에서는 날개를 접고 잠시 쉬거나 먹이를 찾습니다.

---

53. 漸 女歸吉 利貞
점 녀귀길 리정

① 鴻漸于干 小子 厲 有言 无咎
홍점우간 소자 려 유언 무구

② 鴻漸于盤 飲食 衎衎 吉
홍점우반 음식 간간 길

③ 鴻漸于陸 夫征不復 婦孕不育 凶 利禦寇
홍점우륙 부정불복 부잉불육 흉 리어구

④ 鴻漸于木 或得其桷 无咎
홍점우목 혹득기각 무구

⑤ 鴻漸于陵 婦三歲不孕 終莫之勝 吉
홍점우릉 부삼세불잉 종막지승 길

⑥ 鴻漸于陸 其羽可用爲儀 吉
홍점우륙 기우가용위의 길

54

귀매歸妹 : 집안 단속을 잘하는 것이 우선이다

아빠가 먼저 읽고 자녀에게 추천하는 주역

돌아온 누이라는 뜻을 가지는 귀매歸妹는 한 마디로 집안 단속을 말합니다. 어떤 일을 추진함에 있어서 그 일을 망치는 요인은 밖에서 찾을 수도 있지만 집안의 문제 또는 내부의 문제인 경우가 많습니다.

시집갔던 누이가 돌아왔습니다. 왜 돌아왔는지는 따지지 않습니다. 누이가 돌아오니 반갑습니다. 누이와 지난 얘기도 하면서 시간을 보냅니다.

돌아온 누이가 반갑지만 그 소식을 여기저기 퍼뜨릴 필요는 없습니다. 왜냐하면 누이가 돌아왔다고 얘기하면 다른 사람들에게는 별로 좋아 보이지 않기 때문입니다.

귀매에서는 절름발이도 밟을 수 있고(파능리跛能履), 애꾸도 볼 수 있다고(묘능시眇能視) 하는데요, 돌아온 누이가 절름거리거나 애꾸라고 한다면 밖으로 드러내지 않는 것이 좋습니다. 불필요한 오해를 살 수 있으니까요.

누이는 밖으로 내놓지 않고 속세를 떠난 사람처럼 집안에만 있게 합니다. 처음에는 돌아온 누이가 반갑습니다. 깨끗하게 옷을 갈아입히고 보니 멋있습니다. 하지만 그 누이가 집안에서 말썽을 일으킵니다. 누이가 매월 돈을 달라고 요구합니다. 처음에는 별로 부담이 없었지만 그 돈을 감당하기가 쉽지 않습니다. 누이가 골칫덩이가 돼버립니다. 누이가 사사건건 간섭하고 집안을 들쑤셔 놓습니다. 누이는 시댁으로 돌아갈 생각을 하지도 않습니다. 귀매歸妹는 돌아온 누이를 단속하듯이 내부를 잘 챙기라는 뜻입니다. 집안 단속이 가장 먼저라는 뜻이기도 합니다.

사례 | 대통령의 내부 단속 실패

김영삼 대통령 재임 말기인 1997년, 김영삼 대통령의 분신이라고 하는 차남 김현철이 구속되는 상황을 맞았다. 김대중 대통령 역시 재임 시절인 2002년 5월 삼남 김홍걸이 부정한 일에 연루돼 구속됐다. 대통령의 집안 내부의 일로 인하여 현직 대통령의 아들들이 구속되는 사건은 내부 단속을 제대로 하지 못한 탓이다. 민주화 운동의 대표로서 존경받는 김영삼·김대중 대통령이었지만 내부단속을 제대로 하지 못해서 아들들이 구속되는 아픔을 겪었다.

귀매歸妹는 마지막에 여자가 바구니를 받들었으나 과일이 없고 선비가 양을 찔렀으나 피가 없다고 말합니다. 어떤 일을 했는데 아무런 반응도 없고 결과도 없을 때의 허탈함을 생각해보세요. 누이가 돌아와서 반가웠지만, 누이가 하는 짓마다 문제를 일으키는 것과 같습니다.

조현아는 한진그룹 조양호 회장의 딸이자 대한항공 전 부사장이다. 그 녀는 2014년 12월 이른바 '땅콩회항 사건'을 일으켰다. 2015년 4월 21일 구속 기소돼 1심에서 징역 1년형을 선고받았다. 2015년 5월 땅 콩회항 사건으로 구속됐던 조현아 전 대한항공 부사장이 2심에서 징 역 10월, 집행유예 2년 선고를 받았다. 이 사건은 대한항공 086편 비 행기가 2014년 12월 5일, 존 F. 케네디 국제공항을 출발해 인천국제공 항으로 향하던 대한항공 기내에서, 당시 이 비행기에 탑승했던 조현아 부사장이 객실승무원이 제공하는 '마카다미아'라고 하는 땅콩의 서 비스를 문제 삼아 이륙하기 위해 활주로를 주행하던 항공기를 유턴시 킨 뒤 비행기의 사무장을 강제로 내리도록 했고, 기장이 이에 따라 항 공기를 회항함으로써 항공편이 지연된 사건이다.

이 일로 인해 대한항공 조양호 회장이 언론에 사과를 하는 등의 치욕 을 겪어야 했다. 내부에서 일어나는 일은 중대한 문제라기보다는 사 소한 문제인 경우가 많다. 조현아 전 대한항공 부사장이 일으킨 '땅 콩회항 사건'도 아주 사소한 문제로 인해 발생했지만 그 결과는 사회 를 떠들썩하게 만드는 대형 사건이 되고 말았다. 사전에 집안단속을 제대로 하지 못한 탓에 조양호 회장은 '갑질'이라는 비난의 여론에 휘말려야 했다.

귀매에서는 악질惡疾이 도는 기간이라면 누이가 돌아오는 것을 늦추라고 말합니다. 상황이 좋지 않다면 남들 눈에 띄지 않도록 내부자를 조용히 지내도록 합니다. 내게 유리하지 않은 상황이 진행되는 기간 동안에는 내 주변의 사람들을 쓰지 않는 것이 좋습니다. 자칫하면 일을 크게 그르칠 수 있기 때문입니다.

54. 歸妹 征凶 无攸利
　　　귀 매　정 흉　무 유 리

① 歸妹二娣 跛能履 征 吉
　　귀 매 이 제　파 능 리　정　길

② 眇能視 利幽人之貞
　　묘 능 시　리 유 인 지 정

③ 歸妹以須反歸以娣
　　귀 매 이 수 반 귀 이 제

④ 歸妹愆期 遲歸有時
　　귀 매 건 기　지 귀 유 시

⑤ 帝乙歸妹 其君之袂 不如其娣之袂良 月幾望 吉
　　제 을 귀 매　기 군 지 몌　불 여 기 계 지 몌 량　월 기 망　길

⑥ 女承筐无實 士刲羊无血 无攸利
　　녀 승 광 무 실　사 규 양 무 혈　무 유 리

55

풍豐 : 갑자기 생긴 재물은 오히려 독이다

주역 하편의 3차 과정은 곤困에서 시작해 풍豐에서 끝납니다. 풍豐은 3차 과정의 목적지입니다.

풍豐이 3차 과정의 목적지이지만, 그 풍豐이 별로 좋아 보이지 않습니다. 풍요로움이 나쁜 것이 아니라 풍요로워지면 사람이 변하기 때문입니다. 졸부猝富란 말이 달리 생긴 것이 아닙니다.

풍豐은 중천에 뜬 해와 같다고 합니다. 가장 높이 뜬 해는 기울어질 때가 되었다는 뜻입니다. 해가 기울어지고 있다는 사실을 망각한 채 행동하면 큰 재앙을 만나게 되죠.

돈이 생기면 사람들이 엉뚱한 짓을 하는 경우가 많습니다. 한낮인데도 처마밑에서 별을 볼 수 있다고 우기기도 합니다. 처마 밑이 어두우니까 그곳에 가면 낮에도 별을 볼 수 있다는 황당한 주장을 합니다.

진흙과 물이 범벅이 돼 있는 늪에도 물이 있으니까 물거품일 수 있다 말도 안 되는 주장도 합니다. 어처구니없죠? 나는 안 그렇다고요? 천만에요. 복권에 당첨된 사람들이 대부분 그렇다고 합니다.

어두우면 낮이건 밤이건 북두성을 볼 수 있다고 우기는 일이 현실에서는 없을 것 같지만 있습니다. 그 생각이 몰락으로 가는 지름길임을 모르고 갑자기 풍요로워지면 함부로 생각하고 행동하는 짓을 하죠.

사례 로또의 저주

'로또의 저주' 란 말이 있다. '많은 돈을 갑자기 얻게 된 사람은 불행해진다' 는 말이다. 2012년 인천에서 로또 1등에 당첨된 사람이 부인을 폭행해 입건된 사건이 있었다. 이혼을 요구하는 부인을 폭행하고 흉기로 부인의 옷을 찢기도 하고, 담뱃불로 지지기도 했다고 한다. 그는 2011년 로또 1등 당첨금 19억을 받았으나 몇 개월 만에 거의 모든 재산을 유흥비로 다 날려버렸다.

노력이나 실력에 의한 재산 증식이 아니라, 어느 날 갑자기 생긴 재물은 독毒입니다. 그렇게 얻은 재물을 다스리지 못하고 돈의 노예가 돼 돈이 시키는 대로 살다가 결국은 망합니다.

풍豐은 그 집을 엿보았으나 그 사람이 없어서 3년간 볼 수 없다고 합니다. 그 풍요롭던 시절은 어디로 가버리고 사람이 모두 떠나고 없는 쓸쓸한 집이 돼버렸습니다. 이를 일장춘몽一場春夢이라고 하던가요?

풍성함은 얻기보다 유지하기가 훨씬 더 어렵습니다. 로또 당첨의 사례에서 보듯 관리 능력이 충분하지 못한 풍요로움은 사람의 인생을 처절하게 망가뜨립니다. 갑자기 풍성한 재물을 얻었다고 좋아하지 마세요.

그 재물이 부메랑이 돼 인생을 망가뜨리고 맙니다. 안 그렇다고요? 다음에 나오는 려旅를 보고 말씀하세요.

55. 豊 亨 王假之 勿憂 宜日中
풍 형 왕가지 물우 의일중

① 遇配其主 雖旬 无咎 往 有尙
우배기주 수순 무구 왕 유상

② 豊其蔀 日中見斗 王得疑疾 有孚發若 吉
풍기부 일중견두 왕득의질 유부발약 길

③ 豊其沛 日中見沬 折其右肱 无咎
풍기패 일중견말 절기우굉 무구

④ 豊其蔀 日中見斗 遇其夷主 吉
풍기부 일중견두 우기이주 길

⑤ 來章 有慶譽 吉
래장 유경예 길

⑥ 豊其屋蔀其家 闚其戶 闃其无人 三歲 不覿 凶
풍기옥부기가 규기호 격기무인 삼세 부적 흉

56

려^旅 : 집도 절도 없는
나그네 신세

려^旅는 오갈 데 없는 나그네 신세를 말합니다. 직전의 풍^豊을 다시 한 번 떠올려 보세요. 갑자기 생겨난 큰돈은 분명히 재앙을 몰고 온다고 했었죠? 그렇습니다. 갑자기 돈이 생기면 말도 안 되는 짓을 하다가 파산을 하고 맙니다. 그 결과가 나그네입니다.

려^旅는 하편 4차 과정의 시작입니다. 다시 한 번 기억해보세요.

주역 하편은 땅 위에 사는 사람들의 굴곡진 삶이라고 했었죠? 하편의 진행은 들쭉날쭉합니다. 부침^{浮沈}이 많다는 것입니다.

잘 나간다 싶으면 추락하고, 회복한다 싶으면 다시 악순환으로 빠져 듭니다. 왜 그럴까요? 사람들이 어리석기 때문입니다. 사람들이 어리석음을 벗어나지 못하므로 늘 실수를 반복합니다. 실수를 반복하지 않기 위해 어리석음을 벗어나려면 주역에 통달하는 것이 가장 좋겠죠?

려^旅는 잃을 것도 없을 정도로 거덜이 나버렸으므로 따져보면 더 나빠질 일도 없습니다. 그래서인지 주역에서는 려^旅를 가리켜서 작지만 형통하다고 합니다. 반어법인가요?

려^旅는 집도 절도 없는 나그네의 딱한 신세를 절절히 그리고 있습니다.

려^旅는 채우는 쇠사슬이니 이곳이나 그곳이나 재앙을 손에 쥐는 곳이라고 합니다. 어디를 가도 나를 반기는 이는 없고 쇠사슬을 찬 채로 재앙이 창궐하는 곳입니다.

나그네는 밥 빌어먹다 얻어맞기도 하고, 개한테 물리기도 하고, 며칠을 굶기도 합니다. 그 형편을 보니 처량하기만 합니다. 그러니까 있을 때 잘했어야죠.

떠돌아다니다가 아이 종을 만나서 데리고 다니기도 합니다. 말붙일 아이라도 있어서 그나마 다행인 셈이죠. 하지만 아이 종이 마냥 붙어있을까요? 아이 종도 떠돌이입니다. 며칠 동안 같이 빌어먹고 다니다가 아이 종도 떠나버립니다.

어쩌다가 활을 구했는데 화살이 딱 한 개뿐입니다. 꿩 잡으려고 활을 쏘았는데 맞추지 못했습니다. 화살만 잃어버린 경우도 있습니다. 겨우 밑천 좀 모았나 싶었는데 그것도 홀라당 까먹고 맙니다. 그뿐인가요. 려^旅는 새가 둥지를 태웠다고 합니다. 겨우 마련한 둥지마저도 불타 없어집니다.

왜 자신이 나그네가 됐는지 처음부터 다시 생각해보세요. 남 탓만 하지 말고 자기 자신을 돌아봐야 합니다. 나그네가 된 데는 분명히 이유가 있습니다. 처음으로 돌아가서 차분히 생각해보면 나그네가 된 이유를 알 수 있으며, 나그네 신세를 벗어날 수 있는 길도 보입니다. 주역은 항상 반대편의 경우도 함께 생각해 봅니다.

나그네가 돼 힘겹지만, 나그네 신세를 벗어날 수 있는 방법도 고려해 주는 것이 주역입니다. 처음으로 돌아가서 천천히 자신의 과거를 돌아보면 그곳에서 정답을 찾을 수 있습니다.

56. 旅 小亨 旅貞吉

려 소형 려정길

①旅瑣瑣 斯其所取災

려쇄쇄 사기소취재

②旅則次懷其資 得童僕貞

려즉차회기자 득동복정

③旅焚其次 喪其童僕貞 厲

려분기차 상기동복정 려

④旅于處 得其資斧 我心不快

려우처 득기자부 아심불쾌

⑤射雉一矢 亡 終以譽命

사치일시 망 종이예명

⑥鳥焚其巢 旅人 先笑後號咷 喪牛于易 凶

조분기소 려인 선소후호도 상우우역 흉

57

손巽 : 재기를 위한 부단한 노력

주역 하편의 4차 과정은 려旅에서 시작해 빠르게 진행합니다. 1~3차 과정을 거쳐본 사람이라면, 왜 실패했으며 성공하려면 어떻게 해야 하는지를 알기 때문입니다. 나그네의 상황에서 신속히 빠져나오는 과정이 손巽입니다.

손巽에서는 부드럽지만 빠르게 일을 진행합니다. 먼저 일을 진행하는 것이 답입니다. 일을 진행하지 않으면 난관에서 벗어날 수 없습니다. 환경이 나쁠수록 주변 사람들의 도움을 요청해야 합니다. 특히 대인大人에게 도움을 받을 수 있다면 더욱 좋습니다.

손巽에서는 나아갈 때와 물러날 때를 잘 분별하라고 합니다. 즉, 진퇴進退에 신경을 쓰라고 합니다. 나그네가 된 것도 나아갈 때와 물러날 때를 제대로 몰라서 엉뚱한 짓을 했기 때문일 수도 있습니다. 사리분별을 잘하라는 뜻입니다. 과거 풍요로움에 취해서 말도 안 되는 행동을 한 것이 망하게 된 주요 이유일 수 있습니다.

재기를 하는 경우에도 욕심은 좋지 않습니다. 준비과정을 착실히 진행하면서 행동을 취하되 욕심이 앞서지 않도록 하십시오. 욕심이 개입되면 벌써 사람들이 눈치를 챕니다. 그러면 도와줄 사람도 도와주지 않습니다. 욕심을 자제하고 나아갈 때와 물러날 때를 잘 구별해 행동하면 밭에서 삼품三品을 얻는다고 합니다(삼품三品이란 ①관직官職의 셋째 품계品階. ②회화繪畫에서 신품神品과 묘품妙品과 능품能品 ③선비의 품위品位로서 도덕道德에 뜻을 둔 선비와 공명功名에 뜻을 둔 선비, 부귀富貴에 뜻이 있는 선비).

삼품에 해당할 정도로 대단한 것을 밭에서 수확하게 되니 드디어 재기의 길이 열리고 있습니다.

삼품을 얻는다고 해도 여전히 안심할 수 없습니다. 큰 실패를 맛보았기 때문에 다시 실패하면 이제는 결코 일어서지 못한다는 것을 명심하십시오. 삼품을 얻었다고 해도 언제든지 물거품이 될 수 있으므로 탄탄해지기 전까지는 절대 방심할 수 없죠.

조금 얻었다고 해도 함부로 쓰지 말고 좀 더 기다려야 합니다. 지금 얻은 것은 완전하지 못하기 때문입니다. 손巽은 아직 재기再起의 초입에 들어섰을 뿐인 상황입니다. 다음에 등장하는 태兌에서와 같이 다른 사람들과 어울려 화합하는 일이 완전해져서 신뢰를 확보하기 전까지는 마음을 놓지 말아야 합니다.

---

57. 巽 小亨 利有攸往 利見大人
손 소 형 리유유왕 리견대인

①初 進退 利武人之貞
　　 진퇴 리무인지정

②二 巽在牀下 用史巫紛若 吉 无咎
　　 손재상하 용사무분약 길 무구

③三 頻巽 吝
　　 빈손 린

④四 悔亡 田獲三品
　　 회망 전획삼품

⑤五 貞 吉 悔亡 无不利 无初有終 先庚三日 後庚三日 吉
　　 정 길 회망 무불리 무초유종 선경삼일 후경삼일 길

⑥上 巽在牀下 喪其資斧 貞 凶
　　 손재상하 상기자부 정 흉

58

태^兌 : 재기에 성공하려면 화합이 최우선이다

다시는 실패할 수 없습니다. 그래서 태괘는 화태^{和兌}라고 해서 처음부터 화합을 강조합니다. 몰락의 원인은 화합이 부족하기 때문입니다. 재물이 풍성하다고 하여 마음대로 행동하고 남을 업신여기며 건방진 행동을 해 망한 것입니다. 다시는 그런 실패가 없어야 합니다.

사례 화합이 재기의 원동력

C식품 K대표는 일찌기 건강식품으로 제법 큰돈을 벌었다. 그때가 1990년대의 일이다. 하지만 90년대 중반을 지나면서 사업이 급격히 기울어졌다. 마침내 회사는 부도가 났고, 전 직원이 회사를 떠났다. K 대표는 길거리에 나앉게 됐다.

회사가 망하고 난 다음, K대표는 려괘^{旅卦}에서처럼 집도 절도 없는 떠돌이신세가 됐다. 잘 나가던 시절, 회사를 위해 일했던 직원들은 단한 명도 자신을 찾아주지 않았다. K대표는 그때처럼 서러운 적이 없었다고 한다.

K대표는 회사가 망한 후 깨달았다. 한때 많은 직원이 있었지만 자신은 직원을 존중하지 않기 때문에 아무도 자신을 찾지 않았던 것이다. 이때 K대표는 철저히 자기반성을 했다. 모든 원인을 남이 아닌 나에게서 찾아낸 것이다.

K대표는 자기반성을 통해 재기에 나섰다. 어렵사리 자금을 빌려 마늘 엑기스 사업을 시작했다. 예전에 사업을 해본 경험을 바탕으로 건강식품 사업으로 재기에 들어갔다. 마늘엑기스의 판매가 호조를 보이면서 K대표는 재기의 발판을 마련했다.

K대표가 재기를 하는 과정은 손괘_{巽卦} 이후 태괘_{兌卦}에 이르는 과정이다. 태괘_{兌卦} 첫 번째 효에서 화태_{和兌}라고 한 것처럼 철저히 화_和를 실천했다. 궂은 일을 마다하지 않고 몸소 실천하고 직원들을 주인처럼 받들었다. 퇴근 시간이 되면 K대표는 마이크를 잡고 사내 방송을 했다.

"저녁 식사 같이 하실 분은 모이세요."

K대표는 자기 돈으로 직원들 식사 대접을 했다. 같이 식사를 한 직원 중에서 한 명을 골라 10만 원의 현금을 지급했다. 식사를 대접하고 10만원의 현금을 지급한 데 대한 대가는 전혀 바라지 않았다. 그저 자기 회사에서 근무해주고 있는 것만으로도 고마울 따름이었다.

과거의 뼈아픈 실패를 반복하지 않기 위해서 직원들을 모실 수 있는 한 모셨다. 매일 마이크를 잡고 만찬에 직원들을 초대했다. 한 번에

10명의 직원이 모이면, 밥값으로 5만 원~10만 원이 지출되고, 한 사람을 추첨해서 현금 10만 원을 지급하면 매일 약 20만 원, 한 달이면 400만 원 정도 비용이 소요된다. K대표는 직원 존중과 화和를 꾸준히 실천했다.

월 400만 원의 비용으로 직원들의 마음을 사로잡았다. 월 400만 원의 투자 효과는 대단했다. 직원들은 사기가 드높아졌고, 회사에 대한 충성도도 올라갔다. 매출이 급속히 늘었다. 직원들이 앞다퉈 자발적으로 회사를 성장시키기 위한 아이디어를 내놓기 시작했다. K대표가 한 일은 단지 직원들을 존중해주고 격려해주고 자신을 낮췄을 뿐이다. 그러나 그 효과는 기대 이상이었다. 이처럼 태괘兌卦는 화和로부터 시작해 재기에 성공하는 길을 안내하고 있다.

실패의 주 원인은 믿음과 화합의 부재였습니다. 사람들 간에 상호 신뢰가 없으면 망하기 쉽습니다. 서로 믿지 못하는데 조직이 유지될 리가 없습니다. 더구나 사람 간에 믿음이 사라지면 주변에 사람이 남아 있을 리가 없습니다.

재기에 성공하려면 사람들로부터 신뢰를 회복하는 것이 급선무입니다. 또한 화합이 중요하죠. 사람들이 서로 화합할 때 그 효과는 기대 이상입니다. 대부분의 기업들이 사훈으로 인화人和를 꼽습니다. 사람 사이의 화합을 강조합니다. 여기에는 그만한 이유가 있는 것입니다.

태兌에서는 서로 끌어당기라고 합니다. 서로 끌어주면 못 해낼 일이 없습니다. 이것이 삶의 지혜입니다.

태﹡뿐만 아니라 주역의 모든 괘들은 주옥같은 지혜들을 담고 있습니다. 주역이 단지 점을 치는 책으로만 대한다면, 그 지혜들은 모두 사라져 버립니다. 주역의 지혜를 얻기 위해서는 주역의 깊은 뜻을 천천히 모두 살펴보는 것이 좋습니다.

---

58. 兌 亨利貞
태　형　리　정

①효 和兌 吉
화　태　길

②효 孚兌 吉 悔亡
부　태　길　회　망

③효 來兌 凶
래　태　흉

④효 商兌 未寧 介疾 有喜
상　태　미　녕　개　질　유　희

⑤효 孚于剝 有厲
부　우　박　유　려

⑥효 引兌
인　태

59

환渙 : 산전수전 겪고 나면 빛나는 삶을 얻는다

　주역 하편에서 마침내 얻고자 한 것이 환渙입니다. 환渙은 빛이나 물줄기가 뿜어내는 화려함을 말합니다. 려旅에서 시작된 4차 과정은 환渙으로 완성이 됩니다. 1~3차 과정의 종착지인 해解, 승升, 풍豊 다음에 몰락이 있었지만, 환渙 다음에는 몰락이 없습니다. 왜냐하면 이미 인생의 단맛 쓴맛을 다 보았다면 몰락의 구렁텅이로 들어가지 않기 때문입니다. 태兌에서 화합과 신뢰로 재기에 성공했으므로 이제는 더 이상 추락하지 않습니다.

사례 　노벨평화상과 김대중 대통령

　1998년 2월 김대중 대통령이 취임했다. 김대중 대통령은 평생을 민주화운동을 하면서 갖은 고초를 겪고 죽을 고비를 몇 번이나 넘기면서 살았다. 그러다가 야당을 이끌면서 대통령에 당선돼 대한민국 최초로 정권교체를 이루었다. 2000년에는 대한민국 최초로 노벨위원회의 노벨평화상을 수상하기도 했다. 김대중 대통령은 대통령에 당선되면서 드디어 빛나는 삶을 말하는 환괘渙卦의 전형典型이 됐다.

건장한 말을 사용해 물건을 옮기듯이 웅장한 것이 환渙입니다. 이 상황에서는 궤짝 하나 잃어버렸다고 해도 상관없습니다. 그런 작은 것은 신경쓰지 않아도 충분히 빛나기 때문입니다. 화려하게 빛나더라도 작은 문제는 있기 마련인데 그런 것은 늘 있는 일입니다. 크게 보고 크게 생각해야 합니다.

환渙에서부터는 인생에서 실패는 없습니다. 지금까지 겪어본 실패만으로도 충분합니다. 사람들이 손바닥에 땀이 날 정도로 우레와 같은 박수를 보내는 삶이 환渙입니다. 환渙에 이르면, 대인이 된 것과 같습니다.

환渙은 피의 순환과정과 같습니다. 피가 인체에서 몸 전체를 돌듯이 사람들은 조화를 이루며 살아야 합니다. 흐르는 물과 같이 환渙은 힘이 있습니다. 물이 힘차게 흐르듯이 피가 온 몸을 활기차게 순환해야 합니다. 부지런히 노력하면서 서로 돕고 사는 것이 바로 환渙입니다. 그래서 환渙은 멋지고 빛이 납니다.

59. 渙 亨 王假有廟 利涉大川 利貞
환 형 왕 가 유 묘 리 섭 대 천 리 정

①효 用拯馬壯 吉
용 증 마 장 길

②효 渙奔其机 悔亡
환 분 기 궤 회 망

③효 渙其窮 无悔
환 기 궁 무 회

④효 渙其羣 元吉 渙有丘 匪夷所思
환 기 군 원 길 환 유 구 비 이 소 사

⑤효 渙汗其大號 渙王居 无咎
환 한 기 대 호 환 왕 거 무 구

⑥효 渙其血去 逖出 无咎
환 기 혈 거 적 출 무 구

60

절^節 : 절도를 잘 지키면 몰락할 일이 없다

주역 하편을 다시 생각해보세요. 수차례 성공과 좌절의 연속이었습니다. 땅 위에서의 삶은 이와 같이 여러 차례의 난관이 있습니다. 왜 땅 위에서는 난관이 많을까요? 그 이유가 뭘까요? 그 답을 제시하는 것이 바로 지금 말하고자 하는 절^節과 다음에 나오는 중부^{中孚}입니다.

절^節은 마디를 말합니다. 대나무 마디를 보세요. 마디의 간격이 균일하죠. 다르다고 해도 일정한 비율로 다릅니다. 대나무 마디를 보면 깔끔하고 일관성이 있습니다. 시경^{詩經}에 녹죽의의^{菉竹猗猗}란 말이 나옵니다. 푸른 대나무가 쭉쭉 뻗어 있는 광경을 나타내죠. 대나무 마디가 절도있게 뻗어 있는 모습은 시원하다 못해서 아름답습니다. 사람의 태도나 행동 역시 대나무 마디처럼 깔끔하고 시원스러워야 합니다. 이 모두가 절^節을 뜻합니다.

사람이 절^節을 제대로 이해하지 못하거나 실천하지 못하면 몰락합니다. 때와 장소를 가릴 줄 알고, 어느 선 이상 욕심을 부리지 않으며, 자신을 돌아볼 줄 안다면 망할 일이 없습니다. 그래서 공자를 비롯한 학자들이 절^節을 매우 중시했던 것입니다. 망하지 않기 위해서죠.

빛나는 삶을 나타내는 환Ⓒ 다음에 절Ⓒ이 옵니다. 빛나는 삶을 얻은 사람은 절Ⓒ을 지킬 줄 압니다. 그래서 다시는 몰락하지 않습니다.

사람들이 절Ⓒ을 잘 지키지 않는 이유는 힘들기 때문입니다. 힘들다는 뜻을 가지고 있어 고절Ⓒ이라고 합니다. 절도를 지키기가 매우 힘겹기 때문에 사람들이 절도를 못 지키는 것입니다. 절도를 지키려면 마음을 잘 다스려야 하며, 마음을 잘 다스리려면 그만큼의 수양을 쌓아야 합니다. 쉽지 않죠?

어떤 이유로 사람이 뜰 밖으로 나오지 않아야 한다면 이것이 쉬울까요? 칩거하는 일이 말처럼 간단하고 쉬운 것이 아닙니다. 반대로 칩거 후에는 밖으로 나와야 하는데 그것도 쉽지 않습니다. 칩거도 어렵고 밖으로 나오는 것도 어렵습니다. 때에 맞춰 정확히 행동하기가 어렵습니다.

절도를 지키면 편안해집니다. 사람들 모두가 절도를 지키면 이보다 더 편안한 생활은 없습니다. 집안에서는 가족들이 모두 절도를 지키고, 사회에서는 사회 구성원들끼리 절도를 지킨다면 정말 편합니다. 교통질서를 생각해보세요. 질서를 잘 지키면 서로 편하죠. 지금의 교통질서와 같은 질서가 바로 그런 절도Ⓒ度에 해당합니다.

절도에 익숙해지면 절도를 지키는 것이 훨씬 더 편합니다. 이는 교육의 중요성과도 통합니다. 절도있는 생활을 잘 교육받으면 나 자신이 더 편해집니다. 절도를 지키면 망할 일도 없습니다. 절도가 완벽하게 편할 수는 없지만, 지키지 않는 것보다는 훨씬 더 바람직합니다.

60. 節 亨 苦節 不可貞
절 형 고 절 불가정

① 不出戶庭 无咎
불 출 호 정 무 구

② 不出門庭 凶
불 출 문 정 흉

③ 不節苦 則嗟苦 无咎
부 절 고 즉 차 고 무 구

④ 安節 亨
안 절 형

⑤ 甘節 吉 往有尙
감 절 길 왕 유 상

⑥ 苦節 貞凶 悔亡
고 절 정 흉 회 망

61

중부中孚 : 중심을 잘 잡아야 흔들리지 않는다

중부中孚는 중심을 잡고 믿음을 유지한다는 뜻입니다. 아마도 중용中庸은 중부中孚로부터 유래한 것이 아닌가 생각됩니다. 중부中孚 이전에 절節이 나오는데 바로 절節을 확고하게 유지하는 힘이 중부中孚입니다.

중심을 잡지 못하고 흔들리면 절節을 지키기 쉽지 않을 것입니다. 더구나 신념이 없다면 절節을 유지하기 어렵습니다. 주역의 거의 끝물에 절節과 중부中孚를 배치한 주역의 의도를 꼼꼼히 살펴보면 좋습니다.

사람들이 중심을 잘 잡고 믿음을 잃지 않는다면 이 사회는 정말로 이상세계가 될 것입니다. 이는 하늘을 나타내는 건乾에서 추구하는 이상과 다르지 않습니다. 땅 위의 용인 왕이어도 그렇습니다. 왕이 중심을 잘 잡고 믿음을 잃지 않으면 성군聖君이 됩니다.

중부中孚 이전에 60개의 괘가 있었습니다. 이들 모두 중부가 확고할 때 그 가치를 발휘합니다. 사람들 사이에 믿음이 깨지면 사회 질서는 엉망이 됩니다. 이와 달리 서로 믿고 사는 사회는 밝고 활기찹니다.

중부란 돼지나 물고기처럼 값나가는 물건입니다. 농경사회에서 돼지와 물고기는 값이 싸지 않습니다. 이들은 일종의 재산입니다. 값나가는 재산처럼 중부는 값이 있습니다. 또한 중부는 큰 물을 건너듯이 영토를 확장하라고 주문합니다. 중심이 흔들리지 않고 서로 믿음이 있으니 그 힘이 매우 강합니다. 이때는 세력을 확장해도 좋습니다.

중부中孚를 멋지게 표현한 말이 있습니다. 명학재음鳴鶴在陰이 그것입니다. '우는 학이 그늘에 있다'는 것은 학이 눈에 띄지 않는 그늘에 있어도 울음소리로 학의 가치를 알릴 수 있다는 뜻입니다. 그늘에서 우는 학처럼 중부中孚란 드러나지 않아도 그 값이 엄청납니다.

중부中孚는 적을 붙잡아 북을 치게 하고, 방면하기도 하고, 혹은 울게 하고, 혹은 노래하게도 한다고 합니다(득적혹고혹파혹읍혹가得敵或鼓或罷或泣或歌). 적을 내 맘대로 요리한다는 뜻입니다. 붙잡고 싶으면 붙잡을 수도 있고, 놓아주고 싶으면 놓아줄 수도 있죠. 잡아다가 북도 치게 하고, 울게 하거나 노래를 부르게 할 수도 있습니다. 내가 중심을 확고하게 잡는다면 세상의 모든 것이 내 손아귀에 들어옵니다. 중심이 바로 선 확고한 신념은 이처럼 무서운 힘을 발휘하죠.

제갈공명이 남쪽지방에서 반란을 일으킨 맹획孟獲을 사로잡는다. 제갈공명에게 맹획이 억울함을 호소하며 풀어달라고 했다. 다시 싸워 패하면 행복하겠다고 다짐했다. 맹획은 매번 다시 생포됐고 그때마다 번번이 불복했다. 그러기를 무려 일곱 차례였다. 이를 칠종칠금七縱七擒이라고 한다. 이는 제갈공명이 적을 손아귀에서 가지고 놀았던 대표적인 사례다.

61. 中孚 豚魚吉 利涉大川 利貞
중부 돈어길 리섭대천 리정

①虞 吉 有他不燕
우 길 유 타 불 연

②鳴鶴在陰 其子和之 我有好爵 吾與爾靡之
명학재음 기자화지 아유호작 오흥이미지

③得敵 或鼓 或罷 或泣 或歌
득적 혹고 혹파 혹읍 혹가

④月幾望 馬匹亡 无咎
월기망 마필망 무구

⑤有孚攣如 无咎
유부련여 무구

⑥翰音登于天 貞 凶
한음등우천 정 흉

62

소과小過 : 작은 것 하나
얻는 것이 인생이다

주역 상편의 소축小畜과 하편의 소과小過에서 밀운불우密雲不雨란 말이 나옵니다. 구름이 잔뜩 끼었으나 비가 오지 않는다는 뜻입니다. 조짐은 매우 강하지만 실제로는 별것 없다는 것입니다. 맞습니다. 인생은 별것 아닌 것 중에 하나를 얻는 것입니다. 이것이 소과小過의 본질입니다.

주역을 터득해 왕이 됐다고 해봅시다. 대단한 것을 얻은 것 같겠죠? 그러나 나이가 들어 세상과 하직할 때 보면 그렇지 않습니다. 인생에서 얻었다고 생각했던 것들을 모두 내려놓고 가게 됩니다. 작은 것 하나마저도 못 가져갑니다. 이것이 바로 인생이죠.

새처럼 파닥거리며 하늘을 날지 않아도 좋습니다. 남들 보라고 날개를 파닥거리며 날아봤자 표적이 되기 십상입니다. 날개를 접고 있어도 새는 새입니다. 요란하게 자신을 드러낼 필요가 없습니다.

청춘 남녀만 서로 만나는 것이 아닙니다. 소박하지만 나이 든 할아버지와 할머니가 만날 수도 있습니다.

이것이 모두 인생의 참 모습입니다. 큰 것을 얻겠다고 서두르거나 무리하다가 화를 당했던 기억을 떠올려 보십시오. 온갖 사건 사고가 나는 이유도 작은 것 하나 얻는데서 만족하지 못하고 욕심을 부리기 때문입니다.

작은 것 하나 얻는 것이 인생이지만, 반대로 사람들은 작은 것 하나 때문에 싸우고 삽니다. 사람들이 대단한 일로 다투는 것 같아도 실은 아주 작은 것 때문에 다툽니다.

작은 것 하나에 만족할 줄 아는 삶이 진짜 아름답습니다. 대단한 성취도 작은 것을 얻는데서부터 출발하죠. 항상 하늘에 감사드리면서 작은 것에 감사할 줄 알 때 이 사회는 아름답습니다. 그렇죠? 환渙에서 얻은 빛나는 삶도 절도와 확고한 믿음을 기반으로 해서 작은 것 하나를 소홀히 하지 않을 때 유지됩니다. 주역이 거창하고 대단한 것 같아도 따져보면 소과小過처럼 소박합니다.

---

62. 小過 亨利貞 可小事不可大事 飛鳥遺之音 不宜上
소과 형리정 가소사불가대사 비조유지음 불의상
宜下大吉
의하대길

① 飛鳥以 凶
비조이 흉

② 過其祖遇其妣 不及其君 遇其身 无咎
과기조우기비 불급기군 우기신 무구

③ 弗過防止 從或戕之 凶
불과방지 종혹상지 흉

④ 无咎 弗過遇之 往 厲 必戒勿用 永貞
무구 불과우지 왕 려 필계물용 영정

⑤ 密雲不雨 自我西郊 公弋取彼在穴
밀운불우 자아서교 공익취피재혈

⑥ 弗遇過之 飛鳥離之 凶 是謂災眚
불우과지 비조이지 흉 시위재생

63
기제旣濟 : 강을 건너서
완성하다

기제旣濟는 이미 건넜다는 뜻이죠. 어디를 건넜을까요? 주역이라고 하는 강 또는 인생이라고 하는 강을 건넌 것입니다.

강을 건너는 과정에서 꼬리를 적시기도 합니다. 건넘이 불완전하다는 거죠. 사람은 죽는 그 날까지 꼬리를 적시듯이 이 땅에서 완전히 벗어날 수 없습니다. 완전히 건넜다고 생각하지만 육신이 땅 위에 존재하는 한 완전한 건넘은 없습니다.

완전한 건넘을 이루는 과정에서 소인은 쓰지 말라고 합니다. 어느 상황이든 소인을 쓰는 일이 좋을 리는 없습니다. 나 자신이 소인인지 아닌지 확인하는 것도 중요합니다. 소인을 쓰지 말라고 한 것은 남 얘기가 아니라 자기 자신의 얘기일 수 있습니다. 만일 나 자신이 소인인 것 같으면 주역을 처음부터 다시 공부하시기 바랍니다.

소인으로부터 탈출하십시오. 주역과 더불어 매일 새롭게 하시기 바랍니다. 은나라를 세운 탕왕湯王도 청동거울에 '매일 새로워지자' 는 뜻으로 일신우일신日新又日新 이라고 새겨서 좌우에 놓아두고 매일 새롭게 시작을 했다고 하지 않습니까?

기제旣濟에서는 동쪽 이웃이 소를 잡고 서쪽 이웃이 피리를 불며 제사 지낸다고도 합니다. 소는 동쪽에서 잡았는데 피리는 서쪽에서 붑니다. 사람들은 어리석습니다. 스스로 현명하다고 자부한다고 해서 현명해지지 않습니다. 동서東西의 방향도 분간하지 못하는 것이 사람입니다.

몸통은 다 건너고 꼬리만 적신 줄 알지만, 실상은 머리까지 적셨다는 것을 눈치챘나요? 아마도 모르고 있을 것입니다. 꼬리를 적셨다고 생각했더니 머리도 적셔버렸던 거죠.

기제旣濟까지 공부하였다면, 다시 처음의 건乾으로 돌아가서 하늘과 땅이 무엇인지부터 다시 공부하시기 바랍니다. 여러분이 생각하는 완성이 결코 완성이 아닙니다. 여러분이 완성을 이루었다고 생각하는 순간에 그간의 주역 공부는 물거품이 된다는 것을 아셔야 합니다.

하늘과 달리 땅에서는 완성이 없습니다. 삶은 텅 비어있는 무無 또는 공空임을 깨달을 때, 인생에 무엇을 채울 것인지를 생각합니다. 꽉 찬 공간에는 그 무엇도 들여놓을 수 없지만, 깨끗하게 비어 있는 곳에는 무엇이든지 채울 수 있습니다.

지금까지 공부한 주역周易을 모두 비워버리십오. 그러면 그 빈 공간에 무엇을 채울지 고민하게 될 것입니다. 비워버릴 때 비로소 내 마음에서 하늘과 땅이 열립니다.

공空의 상태에서는 하늘과 땅이 바로 내 안으로 들어옵니다. 공空처럼 비어 있음은 허무虛無나 허망虛妄이 아니라 하늘과 통하는 길이죠. 이것이 바로 도道입니다.

기제旣濟에서 텅 빈 마음을 깨닫고 하늘이 나로 하여금 주역을 읽게 한 그 의미를 마음에 채워 넣는다면, 주역 공부는 성공한 것이 아닐까요?

63. 旣濟 小亨 利貞 初吉終亂
기 제 　 소 형 　 리 정 　 초 길 종 란

①曳其輪 濡其尾 无咎
　예 기 륜 　 유 기 미 　 무 구

②婦喪其茀 勿逐 七日得
　부 상 기 불 　 물 축 　 칠 일 득

③高宗 伐鬼方 三年克之 小人勿用
　고 종 　 벌 귀 방 　 삼 년 극 지 　 소 인 물 용

④繻有衣袽 終日戒
　수 유 의 녀 　 종 일 계

⑤東隣殺牛 不如 西隣之禴祭 實受其福
　동 린 살 우 　 불 여 　 서 린 지 약 제 　 실 수 기 복

⑥濡其首 厲
　유 기 수 　 려

64

미제未濟 : 완성은 새로운 시작이다

이미 건넜다고 생각하시나요? 주역을 터득했다고 믿나요? 그렇게 믿는다면 그런 것이겠죠.

여러분은 기제既濟까지 읽으면서 주역의 뜻을 알게 되었습니다. 그리고 주역을 어떻게 활용해야 할지도 알았습니다. 성공으로 한 발자국 성큼 다가선 것이며 이제부터 인생의 주인은 바로 자신입니다. 주인으로서 자신의 삶을 시작해야 합니다.

주역을 다 읽고 그 뜻을 모두 새길 수 있다면 진짜 출발이 가능합니다. 달리 말하자면 용龍이 된 것입니다. 용龍으로서의 삶을 시작합니다.

여러분은 이미 성공자입니다. 하지만 생각해보세요. 여러분이 성공자가 되었다는 것은 끝이 아니라 성공자로서의 첫 출발이죠. 그래서 '아직 건넌 바 없다'는 미제未濟인 것입니다.

아직 건너지 못한 강이 앞에 있습니다. 이미 건넜다고 생각했는데 건넌 그 강은 허상이었습니다. 진짜 강이 앞에 또 있는 것입니다.

주역 상편에서 1차 과정의 성과인 대유大有를 유지하기 위해서는 겸謙이 뒤따라야 한다고 했습니다. 대유大有를 얻었다고 해서 그것으로 끝이 아니듯이, 이미 건넜다는 기제既濟를 통과했다고 끝이 아닙니다.

기제既濟 이후에는 더욱 더 겸손謙遜해야 합니다. 누구에게 겸손해야 할까요? 하늘에 겸손해야죠. 나아가 나 자신에게 겸손해야 합니다. 스스로에게 겸손할 때 하늘이 나를 지켜줍니다.

미제未濟 역시 건너는 과정에서 꼬리를 적신다고 합니다. 건넜지만 건넌 것이 아닌 거죠. 이것이 바로 우주의 원리입니다. 건넜지만 꼬리를 적시고, 건너지 않았지만 꼬리를 적신다는 그 표현은 금강경에서 나오는 부처님의 말씀과도 같습니다.

"법도 아니고 법 아닌 것도 아니다."

건넜으나 건넌 것이 아니라는 주역의 뜻과 금강경은 같은 뜻입니다. 이 세상을 보세요. 이 세상은 평면이나 입체 구조가 아니라 입체 구조의 입체적 구성입니다.

미제未濟에서 그 바퀴를 끈다는 예기륜曳其輪이 나옵니다. 불교에서 법의 수레바퀴라는 말을 자주 쓰는데, 석가모니 탄생보다 500년 전에 쓰여진 주역에 바퀴를 끈다는 말이 나옵니다. 삶은 끊임없이 순환하는 바퀴와도 같습니다.

여러분이 듣고 보고 느끼는 모든 것은 허상입니다. 실제로 여러분이 듣고 보고 느끼는 것은 그렇게 하도록 돼 있는 법칙으로부터 나온 것에 불과하며 법칙이 없으면 듣고 보고 느끼는 것도 없습니다.

더구나 그러한 법칙 자체도 허상虛相입니다. 왜냐하면 그 법칙 역시 듣고 보고 느끼는 것으로부터 나오기 때문입니다. 이는 마치 영원히 수레바퀴를 끌고 간다는 예기륜曳其輪과도 같습니다. 어렵나요?

여러분이 듣고 보고 느끼는 이 모든 세상은 허상으로부터 설계됐습니다. 말하자면 0으로부터 나왔다는 것입니다. 이것이 바로 불교의 공사상空思想이죠. 기독교 입장에서 말하면 모든 것은 하나님의 말씀으로부터 나온다는 것과 같습니다.

여러분이 듣고 보고 느끼는 모든 것은 실상實相입니다. 왜냐하면 여러분은 듣고 보고 느낄 수 있으니까요. 실상은 허상이고 허상은 실상입니다. 반야심경에서도 색色은 공空이요, 성聲·향香·미味·촉觸·법法 역시 공空이라고 하였습니다.

모든 사물은 0에서 나온 실상이고, 모든 사물은 0에 수렴하는 허상입니다. 오늘날 0의 개념을 없애버리면 모든 과학문명이 한 순간에 물거품이 되고 맙니다. 수학 자체도 존재할 수 없을 뿐만 아니라 모든 과학적 지식과 과학적 산출물, 심지어는 사상이나 철학까지도 무너져 버립니다. 0이라는 개념 자체가 창조의 원천입니다.

대념처경에서 이르기를 내가 앉아 있으면 앉아 있다고 느끼고, 말하고 있다면 말하고 있다고 느끼고, 말 안 하고 있다면 말 안 하고 있다고 느끼라는 등 모든 느낌을 찾으라고 합니다.

찾으려고 한다고 무한대인 느낌을 모두 찾을 수 있을까요? 느낌을 찾으려고 하면 찾을 수 없습니다.

느낌을 모두 버리면 느낌을 모두 찾을 수 있습니다. 느낌을 완벽하게 버리게 되면 그 느낌을 지배하는 에너지와 연결됩니다. 그래서 모든 느낌을 다 찾아냅니다.

그치면 보이는 것을 지관止觀이라고 합니다. 모든 것을 보기 위해서는 보는 것을 그쳐야 합니다. 헷갈리죠?

혼란스러운 것이 당연합니다. 보기 위해서는 보지 말아야 한다는 궤

변이 쉽게 수용될 리 없지요. 하지만 기제既濟를 넘어 미제未濟에 이르렀다면 이 말을 이해할 수 있습니다.

미제未濟에 도달한 여러분은 새로운 삶을 살 수 있습니다. '참사랑'이 무엇인지도 알 수 있습니다. 세상을 유지하는 '에너지'도 느낄 수 있습니다. 왜냐하면, 모든 느낌을 다 놓아버렸으니까요. 미제未濟에 이르렀다면 진짜 성공하는 삶을 얻을 수 있습니다.

미제未濟는 믿음이 있으니 술을 마신다고 합니다. 세상 어떤 것도 이해하지 못할 것이 없고, 수용하지 못할 것도 없습니다. 세상 속으로 들어가 누구든지 만나서 술 한 잔 합니다.

믿음으로 모든 것을 수용하면, 심지어 나의 목숨까지 내놓을 수 있으며 모든 것이 수용 가능해집니다. 금강경에서는 부처님도 전생에 가리왕迦利王에게 사지가 갈기갈기 찢기는 형벌을 받았지만 덤덤히 수용했다고 전합니다.

여러분, 돈도 많이 버십시오. 돈을 많이 버는 것 역시 수용하지 못할 일이 아닙니다. 이 세상의 무엇도 가치 없는 일이 없습니다. 열심히 공부하고 일하고 돈을 버십시오. 또한 열심히 나누시고 사랑하십시오.

미제未濟의 마지막에는 머리까지 적신다고 합니다. 꼬리만이 아니라 머리까지 적신다고 하니 기제既濟나 미제未濟나 다를 것이 없네요. 맞습니다. 기제既濟와 미제未濟는 다르지 않습니다. 이 또한 궤변 같네요. 하지만 여러분은 이것이 궤변이 아니라는 것을 이미 알았습니다. 이제부터 여러분의 인생은 행복幸福 그 자체입니다.

64. 未濟 亨 小狐汔濟 濡其尾 无攸利
미 제 형 소 호 흘 제 유 기 미 무 유 리

① 濡其尾 吝
유 기 미 린

② 曳其輪 貞吉
예 기 륜 정 길

③ 未濟 征 凶 利涉大川
미 제 정 흉 리 섭 대 천

④ 貞吉 悔亡 震用伐鬼方 三年 有賞于大國
정 길 회 망 진 용 벌 귀 방 삼 년 유 상 우 대 국

⑤ 貞 无悔 君子之光 有孚 吉
정 무 회 군 자 지 광 유 부 길

⑥ 有孚于飮酒 无咎 濡其首 有孚失是
유 부 우 음 주 무 구 유 기 수 유 부 실 시

Chapter **04** 주역 해설

$$\lim_{x \to \infty} Human(x) = Dragon$$

아빠가 먼저 읽고 자녀에게
추천하는 주역

이 책은 쉽다. 주역의 현대적 재해석이다.
사람이 성공하여 용이 되는 책이다.
주역을 알면 세상을 손에 쥘 수 있다.

주역에서 가장 많이 사용하는 글자는?

주역에서 가장 많이 나오는 글자는 무엇일까요? 무無입니다. 무의 뜻은 '없다' 로 접두어입니다. 우리가 무無라고 쓰는 글자와 관련해 공空, zero과 같은 말입니다. 두 번째로 많이 나오는 말은 길吉입니다. 좋은 일이 일어나는 것을 길吉이라고 합니다. 세 번째는 유라는 글자입니다. 유有는 '있다' 의 의미로 접두어입니다. 네 번째는 리利입니다. '리利는 이익이 된다' 는 뜻입니다. 다섯 번째로는 정貞입니다. 정貞은 '곧다' 는 의미로 같거나 참이라는 뜻입니다. 이상 5개의 글자가 주역에서 가장 많이 나오는 글자입니다.

글자	무无	길吉	유有	리利	정貞
횟수	158	145	119	116	111

무无·길吉·유有·리利·정貞이라는 다섯 글자 중에서 무无와 유有는 없다, 있다의 접두어이므로 크게 신경쓸 필요가 없습니다.

나머지 세 글자는 중요합니다. 길吉·리利·정貞이라는 세 글자만 제대로 알아도 주역을 이해하는 데 큰 도움이 됩니다. 제가 30년 동안 아무리 주역을 읽어도 그 뜻을 이해하지 못했던 것은 바로 이 세 글자를 제대로 몰랐기 때문입니다. 그 정도로 길吉·리利·정貞이라는 세 글자가 중요합니다.

먼저 길吉을 살펴보면 주역에서는 기본적으로 세상에서 좋은 일만 일어나길 바라는 내용을 적고 있습니다. 어떻게 하면 좋은 일이 생기는 것인지 고민하면서 쓴 책이 주역입니다. 주역은 희망을 노래한 책이라고 할 수 있죠.

주역에서 나쁜 일은 피해가고 좋은 일은 만나라고 합니다. 이는 당연한 말입니다. 누군들 나쁜 일을 당하고 싶겠습니까? 하지만 사람들은 나쁜 일을 피하지 못하며 좋은 일을 만나지도 못하면서 살아갑니다.

불행이 닥치기 전에 불행의 씨앗을 발견하고 이를 잘 피해야 하며 행운은 적극적으로 만나야 합니다. 이것이 주역이 주장하는 가장 기본입니다.

두 번째로 리利를 살펴보겠습니다. 첫째, 길吉을 만나기 위해 어떻게 해야 만날 수 있는지를 알려주는 것이 리利입니다.

나에게 이로우면 길吉합니다. 무엇이 이로운 지를 알아야 하고 이로운 일은 적극적으로 만나야 합니다. 그러면 내 인생은 길吉합니다.

불리한 일을 만나면 길吉이 아니라 흉凶입니다. 주역에서 흉凶이란 글자는 12번째로 많이 나오는 글자로써 빈도수에 있어서 10위권 밖으로 밀립니다. 주역에서는 가급적 흉凶이란 말을 쓰지 않으려고 했습니다.

주역이 말하고자 하는 바는 리利에 모두 들어 있습니다. 나한테 유리한지, 불리한 지를 정확히 판단하고 유리한 일을 취하면 그것으로 모두 길吉합니다. 이로운 일을 하면서 살면 불행해질 리가 없죠. 불리한 일을 피하면서 살면 흉凶해질 리가 없습니다.

사람들이 항상 자신에게 이로운 일만 취하는 것이 아닙니다. 얼핏 보면 이로운 것 같지만 해가 되는 일도 참 많습니다. 당장은 자신에게 이익이 돼도 나중에는 도리어 화가 되는 경우도 많고, 당장은 불리해도 결국은 이익이 되는 경우도 많습니다. 리利를 기준점으로 해서 살아도 그 이익을 다 취하기가 어렵다는 거죠. 그러면 항상 이로움을 추구하고자 하는 마음이 있어야 합니다.

평상시에 아무 생각 없이 살다가 막상 일에 부딪치면 판단이 흐려져서 자꾸 불리한 일을 만들기도 합니다. 하지만 이익의 관점에서 세상을 살아야 한다는 것은 너무나 분명합니다.

세 번째 글자인 정貞을 보겠습니다. 정貞은 보통 '곧다·바르다·옳다·반듯하다'의 뜻으로 쓰입니다. 여자 이름에 정貞을 참 많이 쓰기도 하죠.

주역에서 말하는 정貞의 뜻은 약간 다릅니다. 주역에서의 정貞은 추상적이고 애매한 뜻이 아닙니다. 첫째, 정貞은 바로 등식equal이 성립함을 뜻합니다. 수학에서 말하는 '='의 뜻과 정확히 일치합니다. 둘째, 정貞은 어떤 명제가 '참이다' 라는 뜻입니다. 이것도 수학에서 말하는 명제와 같습니다.

그럼, 부정不貞이 뭔지도 답이 나옵니다. 부정不貞이란 '같지 않다' 또는 '명제가 거짓이다' 가 됩니다.

부정不貞이란 이익이 되는 일을 해야 하는데 반대로 불리한 일을 하는 것입니다. 불리한 일을 하면 부정不貞이고, 유리한 일을 하면 정貞입니다.

내가 지금 하고 있는 행동이 부정한 것인지 정貞한 것인지 따져 보세요. 자세히 들여다보면 하루 종일 부정不貞한 일을 하면서 사는 사람이 대다수입니다.

나의 행동이 부정한지 아닌지에 대한 생각마저도 안 하고 사는 사람들이 수두룩하죠. 그러니까 사람들 모두가 부정不貞에 오염되어 있는 것입니다.

공자께서도 주역에 가장 많이 쓰인 글자에 주목했을 것입니다. 가장 많이 쓰인 데는 그만한 이유가 있다고 판단했겠죠. 정貞하면 리利하고, 리利하면 길吉합니다. 이러한 주역의 사상은 주역의 시작과 끝에 스며들어 있습니다.

주역의 첫째 괘인 건괘乾卦에서부터 마지막 괘인 미제괘未濟卦까지 관통하고 있는 바탕이 정貞·리利·길吉입니다. 이 세 글자를 제대로 이해하고 나니 주역이 술술 풀리는 것입니다. 주역이 그리 어려운 내용이 아니었던 것이죠.

현재 내게 일어나는 일이 참인지 거짓인지 잘 판단해보고 참인 행동을 하면 이익이 있고, 이익이 나에게 좋은 결과를 가져옵니다. 쉽게 말하자면 공부를 열심히 하면 아는 것이 많아지는 이익이 있고, 그러면 시험

성적이 올라가는 것입니다. 쉽고 간단하죠?

주역의 뜻은 쉽습니다. 그래서인지 역易이란 말이 이易로 쓰일 때는 '쉽다' 는 뜻이네요. 주역의 역易이란 말이 처음부터 쉽다는 뜻인 것입니다. 그렇죠?

주역을 쓴 목적은 무엇일까?

한마디로 주역은 이익이 되는 것을 선택해 최선의 결과를 가져오는 전략을 취하라고 말하는 책이지만, 이 책이 세상에 나타난 깊은 이유가 있습니다.

주역은 오늘날로 치자면 '게임이론game theory' 또는 '전략이론strategic theory' 과도 같습니다. 주역을 쓴 문왕과 주공이 살던 3천 년 전만 해도 세상이 너무 험난했습니다. 아무 짓도 안 했는데 어느 날 갑자기 죽임을 당하는 일이 흔하던 시절이었죠.

주역에도 나오는 말로 당시 의월劓刖이란 형벌이 있었습니다. 의劓라는 글자를 보세요. 코를 말하는 비鼻와 칼을 말하는 도刀=刂가 합쳐진 글자입니다. 코를 베어버리는 무지막지한 형벌이 있던 시대입니다. 월刖은 살을 말하는 육肉=刂과 칼을 말하는 도刀=刂가 합쳐져 있죠. 발뒤꿈치를 베어버리는 형벌이 월刖입니다.

3천 년 전, 당시 의월劓刖만 있었겠습니까? 다리를 절단해 버리는 비刖란 형벌도 있었고, 끓는 기름에 튀겨 죽이는 형벌부터 벌겋게 달군 청동판 위에 올려놓고 구워 죽이는 형벌도 있었습니다.

그 당시에는 죄 없는 사람들도 모함을 당하거나 상대방의 술수에 걸려서 무자비한 형벌을 받던 시절이었으니, 어떤 행동을 해야 살아남는지를 고민하면서 살아야 하는 때였습니다. 적이나 상대방이 있는 게임 상황에서 하루하루 살아야 했던 시절이었던 것입니다. 이와 같은 살벌한 상황을 돌파하면서 끊임없이 고뇌하면서 쓴 내용이 주역에 담겨 있습니다.

나는 아무런 행동도 하지 않았는데, 어느 날 갑자기 상대방(그 당시에는 술수를 쓰는 상대방이 황제인 경우도 많았습니다.)의 술수에 걸려들어 대역죄인이 되고 맙니다. 이런 상황이 눈앞에서 펼쳐졌을 때 어찌해야 할까요? 하늘을 원망해야 하나요, 자신의 무능을 탓해야 하나요?

다급해지면 사람들은 '오 마이 갓!', '신이시여!' 하면서 신이나 하늘을 찾습니다. 그래서 주역은 첫째로 하늘을 말합니다. 첫째 괘가 하늘을 말하는 건乾입니다.

아무 짓도 하지 않았는데 내게 불길한 일이 닥친 것은 하늘을 몰랐기 때문입니다. 나는 아무 짓도 하지 않은 것이 아니라 해야 할 짓을 안 해서 불길한 일을 당한 것입니다. 몰라서 당하는 일이 없어야 하겠기에 주역에서는 하늘이 뭔지, 땅이 뭔지를 알려주고자 합니다. 이처럼 주역의 진행은 자연스럽고 쉽습니다.

주역의 기틀을 완성한 문왕은 아들에게 세 가지 유언을 남겼습니다.

첫째, 좋은 일을 보면 게으름을 부리지 말고 바로 달려간다.

둘째, 시기가 오면 머뭇거리지 말고 바로 달려가 잡는다.

셋째, 나쁜 일이 보이면 빨리 그 자리를 피하고 가까이 가지 않는다.

문왕이 남긴 하는 세 가지 유언이 모두 주역에 녹아 있습니다. 문왕에 이어 주역을 완성한 주공이 아버지의 뜻을 그대로 이어 받은 것입니다.

나쁜 일이 나타나면 빨리 자리를 피하라는 말은 주역의 송괘松卦에도 나옵니다. 치열한 다툼을 다루고 있는 송괘松卦에 불극송 귀이포不克訟 歸而逋라는 말이 있는데요, 이는 다툼에서 이길 수 없다면 돌아서 도망가라는 뜻입니다. 싸우다가 불리하면 바로 줄행랑을 치라는 거죠. 주역에 이런 말이 나올 줄은 생각하지 못했죠?

주역은 험난한 세상을 살면서 어떻게 살아야만 죽임을 당하지 않고 살아남아 인생에서 성공하는 것인지를 고민하고 또 고민하는 과정에서 탄생한 것입니다.

세상이 혼탁해져 점을 치고 불길한 일을 피하려고 주역을 만들었다는 말은 진부한 주장입니다. 주역은 한가로이 점을 치려고 만든 책이 아닙니다. 언제 전쟁상황이 될지 모르는 절박한 상황에서 하늘과 땅을 부르 짖으며 살아남기 위한 처절한 투쟁의 결과입니다.

주역은 성공담이기도 합니다. 주역을 쓴 문왕의 아들이 혼탁한 세상을 바로잡고 주나라를 건국했으니까요. 그래서 주역은 게임이론을 다루면서도 성공을 위한 전략적 의사결정의 지침서입니다.

전략적 의사결정은 19세기~20세기에 걸쳐 군사 분야에서 시작해 경제·경영 분야까지 확대됐는데, 그 시원始原을 따지면 주역에서 발견할 수 있습니다.

춘추전국 시대 수많은 사상가들(제자백가諸子百家)의 출발점 역시 주역입니다. 유가儒家, 도가道家, 병가兵家, 법가法家 등 중국의 사상은 대부분 주역에 뿌리를 둔 것입니다.

하늘과 땅을 아는 것이 가장 먼저다

3,000년 전 혼탁한 세상에서 하늘과 땅을 알고자 했던 문왕과 주공은 대단한 사람들입니다. 그들은 세상의 어떤 일도 하늘과 땅의 뜻에 어긋나지 않는다는 것을 잘 알고 있었습니다.

하늘과 땅을 정확히 이해한다면 세상에 피하지 못할 흉한 일은 없다고 생각했습니다.

하늘과 땅은 절대로 망하는 일이 없습니다. 사람이 감히 도전할 수 없는 힘을 가진 것이 하늘과 땅입니다.

제 아무리 세상의 모든 권력을 쥔 폭군이라도 하늘을 거스를 수 없고 땅을 배반할 수는 없습니다. 하늘과 땅을 제대로 아는 것이 참이며, 그 참이 바로 내게 이로운 것이므로 결과적으로 하늘과 땅을 알면 나는 좋은 일을 만날 수 있습니다.

요즘은 문명이 발달하고 물질적으로 풍족해져서 하늘과 땅을 소중하게 생각하지 않는 사람들이 있습니다만, 하늘과 땅의 뜻을 무시하면 큰 벌을 받게 됩니다. 하늘을 무시해서 공해가 심해지고 이상기후가 나타납니다. 땅을 무시하고 온갖 화학물질을 땅에 뿌려서 땅이 오염돼 오염물질이 사람의 인체에 흡수됩니다. 하늘과 땅을 무시하면 결국 큰 재앙을 만납니다.

3천 년 전에도 하늘과 땅의 뜻을 존중했는데 문명화된 현대는 그 뜻을 모르니 안타까운 일이죠.

하늘과 땅의 관계는 건괘乾卦와 곤괘坤卦에 나타나 있는데 이들 두 괘를 단순하게 생각하면 안됩니다. 문왕과 주공은 하늘은 밝음이며 남성적이고, 땅은 어둠이며 여성적이라는 단순한 생각만 한 것이 아닙니다. 주역에서는 밝음과 어둠에 감춰진 속성을 정확하게 끌어내는 작업을 했습니다. 주역은 하늘과 땅의 뜻을 보다 심층적으로 찾아내서 활용합니다.

하늘이 땅에게 위임한 것 중에서 가장 중요한 것은 땅이 가지는 생명력입니다. 모든 생명이 땅에서 태어납니다. 식물만 그런 것이 아닙니다. 동물도 마찬가집니다. 물은 땅 위를 흐릅니다. 여기서 과학적 타당성의 논란은 의미가 없습니다. 땅이 가진 심층적 성질이 중요합니다. 과학적으로 땅에서 생명이 태어나느냐, 아니냐는 문제 되지 않습니다.

땅이 가지는 생명력은 하늘이 준 것이죠. 그래서 땅은 항상 하늘의 뜻을 따라야 합니다. 공자는 이 점을 중시해 순리에 따랐습니다. 땅의 의미를 가지는 여자인 아내는 하늘의 의미를 가지는 남편을 따라야만 한다는 것입니다. 이처럼 유가儒家 역시 주역에서 그 시원始原을 찾을 수 있습니다. 유가가 남녀를 차별하고자 했던 것이 아니라 하늘과 땅의 속성을 사람에게도 적용해 이해하고자 했던 것이죠.

물과 불의 원리를 이해하자

주역은 크게 상편과 하편으로 나뉘는데, 상편은 하늘과 땅에서 시작해 물과 불로 끝납니다. 하늘·땅·물·불을 모두 합쳐서 건곤감리乾坤坎離라고 합니다.

건곤감리는 어디서 많이 듣던 말이죠? 그렇습니다. 태극기에 그려진 문양이 건곤감리입니다.

태극기에 그려진 막대기 묶음 네 개가 바로 건곤감리입니다. 따져보면 주역은 항상 우리와 함께한 것입니다.

하늘·땅·물·불을 기본으로 해서 주역을 만들었습니다.

하늘·땅·물·불의 뜻을 그대로 새겨보자면, 첫째, 하늘의 뜻과 둘째, 땅의 뜻에 따라 셋째, 온갖 위험을 피하면서 살다가 넷째, 화려하게 이별을 한다는 뜻을 가집니다. 건곤감리乾坤坎離는 사람의 일생을 한 마디로 압축해서 표현한 말입니다.

물을 나타내는 감坎은 위험한 물웅덩이라는 뜻이고요, 불을 나타내는 리離는 화려한 이별을 가리킵니다. 따져보면 건곤乾坤은 세상의 이치이고, 감리坎離는 삶의 실제 모습처럼 보입니다. 삶이란 온갖 위험을 극복하면서 살다가 화려하게 세상을 뜨는 것이니까요.

끊임없이 강조하지만 주역을 어렵게 이해하면 안됩니다. 어렵게 생각하면 할수록 주역은 세상사는 일과 동떨어진 헛소리가 되고 맙니다. 쉽게 풀어야만 주역을 삶에 적용할 수 있습니다.

2,500~3,000년 전에는 자연현상에 관심이 많았습니다. 중국·인도·그리스 모두 철학이 발달하던 시대였고 자연현상인 물·불·공기·하늘·땅의 성질을 이해하려는 노력이 있었습니다.

불교에서는 사대四大라고 하는 지수화풍地水火風을 중점적으로 강조했습니다. 그리스의 자연철학자 중 탈레스는 물이 만물의 근원이라고도 했고, 주역에서는 하늘·땅·물·불을 중심으로 내용을 구성했습니다.

오늘날에도 자연환경은 사람들의 삶에 큰 영향을 줍니다. 사람은 물

없이 살 수 없고 땅 역시 부富의 척도로 중요합니다. 공기가 없으면 모든 생명력은 소멸합니다. 불이 없으면 이 세상은 끝이 나죠.

자연의 중요성은 3천 년 전이나 오늘날이나 다르지 않습니다. 자연을 잘 이용하면 부를 쌓을 수가 있습니다. 대표적인 것이 바로 부동산입니다. 물을 잘 이용해서 돈을 번 회사도 있습니다. 코웨이 같은 정수기 회사입니다.

사람들은 하늘을 잘 이용하고자 비행기를 띄웠습니다. 그랬더니 하루도 안 걸려서 지구 반대편으로 이동할 수 있습니다. 과학문명의 발달이 대단한 것 같아도 하늘·땅·물·불의 범위를 크게 벗어나지 않습니다. 모든 현상은 자연에서 시작해 자연으로 돌아갑니다. 자연을 벗어나지 않습니다.

자연을 벗어나려고 하는 노력이 오히려 인간에게 해가 돼 돌아옵니다. 사람의 삶은 항상 자연을 거스르지 않아야 합니다. 건곤감리乾坤坎離의 범위 내에서 모든 현상이 나타나고 없어집니다.

주역과 점은 어떤 관계일까

사람들은 주역을 점치는 책으로 알고 있습니다. 그 이유를 알아보도록 합니다.

고대부터 역易은 점을 치는 수단이었습니다. 점을 쳐서 길흉화복吉凶禍福을 물어보았다고 합니다. 연산역連山易이나 귀장역歸藏易 등이 바로 그런 역易들입니다. 그런데 이들 두 가지 역은 전해지지 않는다고 하죠. 세 번째는 주역周易이 있습니다. 이 주역이 현재까지 전해지는 역易입니다.

점을 치는 수단인 역易이 왜 중요했을까요? 진짜로 점이 미래를 예측하는 수단이었을까요? 점을 치면 미래를 알려줄까요? 이런 의문들이 생겨납니다. 문명이 발달한 지금도 점을 치는 사람들이 많은데, 왜 사람들은 점을 칠까요?

다른 모든 것들을 생각하지 않더라도 점은 간단히 할 수 있는 '의사결정decision making'의 수단입니다. 사업에서 성공할 수 있는지를 점친다고 해보겠습니다. 점을 쳐보니 성공한다는 점괘가 나왔습니다.

그러면 진짜 성공할 수 있을까요? 진짜 성공할 수 있을지는 아무도 모릅니다. 다만 성공한다는 점괘가 나왔다면 점을 본 사람은 사업을 시작할 가능성이 높아지겠죠.

성공한다고 하니까 사업 시작에 대한 의사결정을 합니다. 점괘가 실패한다고 나왔으면 사업을 시작하지 않는 의사결정을 합니다. 이 역시 사업에 대한 의사결정입니다. 점이 미래를 알려주든 알려주지 않든 점이 가지는 고유한 기능은 '의사결정'입니다.

지식이 발달하지 않고 정보가 부족한 고대에 점은 최고의 의사결정 수단이었습니다. 전쟁을 할 것인지, 하지 않을 것인지 의사결정을 하기 위해서 나라에서 중지衆智를 모으는 중이라고 해보겠습니다. 전쟁을 해야 한다고 주장하는 편과 전쟁을 하면 안 된다는 편이 갈라져서 열띤 논쟁이 일어날 수밖에 없죠. 두 편은 격렬하게 부딪칠 가능성이 높습니다.

전쟁을 하는 것으로 최종 결정을 했다면, 전쟁을 반대했던 무리는 궁지로 몰릴 수 있습니다. 전쟁을 하기로 의사결정을 하고, 전쟁에서 승리했다면 전쟁을 주장한 쪽이 득세하고 반대로 전쟁에서 지면 전쟁을 주장했던 쪽이 큰 타격을 입습니다.

전쟁을 하는 것으로 결정을 하든 전쟁을 안 하는 것으로 결정을 하든 전쟁의 결과에 따라 어느 한 편에 피바람이 불게 됩니다.

조선시대 당파 싸움과 사화를 보십시오. 나라 정책이 어떻게 결정되느냐에 따라서 피바람이 분 적이 한두 번이 아닙니다. 이처럼 나라의 정책 결정은 반드시 부작용을 수반합니다.

나라 정책 결정의 부작용을 단칼에 없애버리는 방법이 있습니다. 바로 점입니다. 점을 쳐서 의사결정을 하면 정책 결정의 후유증을 완벽히 해결할 수 있습니다.

전쟁을 해야 할 필요성이 있을 때 전쟁을 할 것인지, 말 것이지를 점으로 물어봅니다. 전쟁을 하자는 점괘가 나와서 전쟁을 했습니다. 그런데 결과가 나빴습니다. 나쁜 결과에 대한 책임은 누가 질까요? 아무도 책임지지 않습니다. 점을 치자고 한 왕이 자신의 부덕의 소치라고 하면 그것으로 끝입니다. 왕이 자신의 부덕을 탓하면서 하늘에 비는 제사를 지냅니다. 이렇게 전쟁 패배에 따른 후유증을 최소화합니다.

점을 치지 않고 두 패로 갈려서 토론을 한 후에 전쟁을 하자는 쪽이 이겨서 전쟁을 했는데 참패를 했다면 전쟁을 주장했던 패는 피를 보게 되겠지만, 점을 쳐서 의사결정을 하면 패를 나눌 필요가 없습니다.

만약 전쟁에서 승리했다고 하면 하늘의 도우심이라고 기뻐하며 잔치를 하면 됩니다. 이처럼 고대에 있어서 점은 최고의 의사결정 수단이었습니다. 나라를 통치하는 데 있어서 점이 필수였던 것입니다. 고대의 통치수단으로 점 이상으로 좋은 것이 없습니다. 점을 쳐서 결정을 하면 패를 갈라 논쟁이나 투쟁을 할 필요성이 없습니다.

이와 같이 나라를 다스리기 위해서 점을 쳤는데, 그 점이 역易이었던 것입니다. 거북의 껍질이나 짐승의 뼈에 열을 가하거나 해서 생긴 균열 상태를 보고 의사결정을 했습니다. 점을 치면서 데이터가 쌓였고, 그 데이터를 정리하기 위해서 음과 양의 부호를 이용해 8괘나 64괘 등을 만들었습니다. 이것이 바로 역易의 오리지널입니다.

은나라 시절이나 주나라 시절에도 점을 쳤습니다. 나라를 다스리기 위해서는 점이 반드시 필요했습니다. 당시 점을 치는 수단인 역易을 활용하는 방법이 전반적으로 유행했을 가능성이 높습니다.

점을 치는 수단인 역易을 활용해 땅과 하늘, 그리고 땅 위에서 살아가는 인간의 삶을 설명하려 했던 거죠. 그래서 주역이 탄생한 것입니다.

보다 자세히 들여다보면 주역은 그냥 역易이 아닙니다. 역易의 형식을 빌렸을 뿐이죠. 역의 형식을 빌렸지만, 주역의 내용은 우주의 원리를 찾아 활용하고자 하는 노력의 산물이었습니다. 점을 치자는 것이 아닙니다.

주역의 49번째 혁괘革卦를 보면 대인大人은 호랑이가 변한 것이며 점을 치지 않고도 믿음이 있다고 했습니다(대인호변 미점유부大人虎變 未占有孚). 진짜 대인은 점을 안 친다는 점을 주목해야 합니다. 왜냐하면 점이란 최선의 의사결정 수단이지만 점 자체가 우주의 원리나 인간의 삶을 설명해주지는 못합니다. 인간은 부단히 공부하고 노력해 최선의 성과를 내야 합니다. 이런 점에서 주역은 점서가 아닙니다. 주역은 점을 뛰어넘는 철학이자 전략 이론입니다.

주역은 삶에 어떻게 활용하면 좋을까?

하늘과 땅의 뜻을 명확히 알았다면 비로소 주역을 활용할 수 있습니다. 주역의 그 무궁무진한 지혜는 하늘과 땅의 이해를 출발점으로 삼습니다. 이제부터는 주역을 활용해 인생에서 성공하는 비법을 얻는 것입니다.

하늘과 땅의 이해는 단순히 건괘와 곤괘의 이해에 그치지 않습니다. 주역의 상편이 하늘에 해당하고 주역의 하편이 땅에 해당하기 때문입니다. 하늘과 땅의 이해는 주역 전체에 대한 이해와 관련합니다.

주역 상편은 하늘의 뜻과 같이 이상적인 삶의 모습을 나타내고 하편은 땅의 뜻과 같이 굴곡진 인생을 풀어가는 지혜를 담고 있습니다.

상편은 그야말로 이상적인 삶의 진행과정과 이에 준하는 과정을 둘로 나누어 보여줍니다. 이 얘기들이 이해하기 어렵겠지만, 이 책을 천천히 읽어보신 분에게는 그 뜻이 확연히 보입니다.

하편에서는 인생의 부침을 몇 차례에 걸쳐 나누어 담고 있으며, 결국은 성공해 빛나는 삶을 얻는 모습을 그립니다. 주역의 끝에서 모든 지혜는 새로운 탄생을 위해 준비됨을 보여줍니다.

주역은 살면서 부딪치게 되는 여러 상황을 사전에 이해하고 그런 상황에서 문제를 풀어가는 지혜를 미리 터득해 삶을 성공으로 이끌도록 주문합니다. 이는 주공이 주나라를 건국하는 데 중심이었고 나아가 문물을 완비한 그 지혜를 뜻하기도 합니다. 주공은 주역에 건국의 경험담과 통치의 지혜를 담았다고 할 수 있습니다. 주역보다 더 생생한 성공 지침서는 없습니다. 그러니까 공자께서 주역을 최고의 책으로 칭송한 것입니다.

주역에는 한 가지 결함이 있습니다. 주역이 최고의 지혜를 담고 있지만 이 지혜는 아무나 터득할 수 있는 것이 아니었습니다. 오늘날과 달리 고대에 지혜는 황금보다 더 귀한 값어치가 있었습니다. 책도 부족하고 글자를 아는 사람도 드물던 그 시대에 주역을 소유하고 읽는다는 것, 그 자체가 권력에 해당했습니다.

오늘날처럼 책이 흔하고 모든 도서관에 주역이 꽂혀있는 것을 생각하면 안 됩니다. 고대의 주역은 아무나 읽어서는 안 되는 책이었습니다. 그래서 주역은 아무나 읽을 수 없도록 몇 가지 장치를 두었습니다.

그 장치 덕에 진나라 시황제가 모든 서적을 불태울 때 주역은 태우지 않았습니다.

주역은 스스로 점치는 책으로 꾸몄고, 몇 번씩 뜻을 꼬아 놓았습니다. 처음부터 주공은 주역이 세상에서 사라지지 않도록 치밀한 조치를 취했는지도 모릅니다. 이 점이 주역에 존재하는 한 가지 결함입니다. 그 결함 탓에 주역이 세상에서 사라지는 화를 면했지만, 엉터리 해석이 난무하는 문제점을 만들어낸 것도 사실입니다.

주역을 이해하기 위해서는 몇 차례 껍질을 벗겨내는 작업을 해야만 했습니다. 글자 뜻 그대로만 보면 주역은 난해한 것이 아니라 해석 자체가 불가능해집니다. 그래서 글자의 해석이 아니라 주역을 집필한 주공의 생각을 읽어내야만 하죠. 주역을 이해하기 위해서 집필자의 의도와 사상에 직접 읽어냈습니다. 주공과 소통하기 위해 많은 시간을 명상으로 접근했고 주역을 해독할 수 있었습니다. 그 결과 주역을 삶에 적용하는 방법을 터득했습니다.

주역을 구성하는 뼈대를 세워 보자

주역은 크게 건곤감리^{乾坤坎離}와 진간손태^{震艮巽兌}로 되어 있습니다. 즉, 8 가지로 되어 있다는 뜻입니다. 이를 8괘라고 합니다. 주역의 **뼈대**는 이 와 같이 8개의 괘인 8괘로 되어 있습니다. 8괘를 각각 2개씩 겹쳐서 주역 은 8×8=64개의 괘로 구성되어 있다는 것은 상식에 속합니다.

구분	64괘	8괘	음양
상편	1	건(乾)	건(乾)
	2	곤(坤)	
	...		
	29	감(坎)	
	30	리(離)	
하편	...		곤(坤)
	51	진(震)	
	52	간(艮)	
	...		
	57	손(巽)	
	58	태(兌)	
	...		

주역 8괘

상편은 건곤^{乾坤}과 감리^{坎離}가 전체를 감싸고 있고, 하편은 진간^{震艮}과 손 태^{巽兌}가 중간에 파묻혀 있습니다. 하늘과 땅 그리고 물과 불은 사람이 사 는 세상을 감싸고 있으며, 외부의 현상에 휘둘리지 않고 자신의 일을 묵 묵히 수행하는 뜻을 가진 진간^{震艮} 그리고 부드러움과 화합을 말하는 손태 ^{巽兌}는 사람의 내부에 존재하는 성질이라고 본 것입니다.

주역의 **뼈대**를 잘 생각해보세요. 주역의 **뼈대**를 이해하는 것은 하늘과 땅을 이해하는 것 이상으로 중요합니다. 앞에서도 말한 바와 같이 하늘과 땅은 그냥 건곤乾坤이기도 하지만 주역 상편이 하늘이요, 하편이 땅이기도 합니다.

주역 전체가 하늘과 땅으로 구성돼 있으며, 주역 8괘 또는 64괘의 첫 번째와 두 번째가 다시 하늘과 땅입니다. 하늘과 땅은 주역의 부분이면서 주역 전체인 셈입니다. 이런 생각은 하늘 아래 사람이 있지만, 그 사람에게 하늘이 들어 있다는 뜻을 가진 인내천人乃天과 같은 구조입니다. 하늘과 땅으로 구성된 주역 속에 다시 하늘과 땅이 들어 있습니다. 자기가 자기를 포함하는 구조인 거죠.

뫼비우스의 띠

뫼비우스의 띠처럼 자기가 자기를 포함하거나 영원히 지속되는 구조는 오랜 세월 사람들에게 의문이었습니다.

예를 들어 도서관에는 책이 100권 꽂혀 있습니다. 그 중 한 권은 도서관에 꽂혀 있는 책의 목록list입니다. 이 목록은 도서관에 있는 책일까요, 아닐까요? 도서관에는 책이 100권 있는 것일까요, 아니면 목록을 제외한 99권이 있는 것일까요? 목록에는 목록 자신을 포함하고 있어야 할까요, 아닐까요? 이 문제만큼 사람들을 헷갈리게 하는 것이 없습니다. 어떤 것이 답인지 모릅니다. 이는 마치 끝이 없는 뫼비우스의 띠 같은 것입니다.

자기가 자기를 포함하는 구조는 영원히 끝나지 않는 뫼비우스의 띠와 같아서 이 세상은 끝없이 순환하는 것인지도 모릅니다.

마야 달력을 근거로 해서 2012년에 지구의 종말이 온다고 했지만 2016년이 된 지금도 지구는 종말의 조짐이 없습니다.

세상은 그 끝이 없이 끊임없이 지속됩니다. 하늘과 땅으로 연결돼 있으면서 내부는 하늘과 땅을 포함하므로 영원히 지속될 수밖에 없습니다. 주역은 마르지 않는 영원한 지혜의 샘입니다.

구분	천(天)	택(澤)	화(火)	뢰(雷)	풍(風)	수(水)	산(山)	지(地)
천(天)	건 乾	쾌 夬	대유 大有	대장 大壯	소축 小畜	수 需	대축 大畜	태 泰
택(澤)	리 履	태 兌	규 睽	귀매 歸妹	중부 中孚	절 節	손 損	임 臨
화(火)	동인 同人	혁 革	리 離	풍 豊	가인 家人	기제 旣濟	비 賁	명이 明夷
뢰(雷)	무망 无妄	수 隨	서합 噬嗑	진 震	익 益	둔 屯	이 頤	복 復
풍(風)	구 姤	대과 大過	정 鼎	항 恒	손 巽	정 井	고 蠱	승 升
수(水)	송 訟	곤 困	미제 未濟	해 解	환 渙	감 坎	몽 蒙	사 師
산(山)	돈 遯	함 咸	려 旅	소과 小過	점 漸	건 蹇	간 艮	겸 謙
지(地)	비 否	췌 萃	진 晉	예 豫	관 觀	비 比	박 剝	곤 坤

주역 64괘

주역의 목표는 반역이다

주역이 지향하는 목표는 성공적인 삶에 있습니다. 주역을 터득해 인생에서 성공하는 것이 최대의 목표입니다. 하늘을 설명하면서 하늘은 이상 세계ideal world라고 했습니다. 다시 말하자면 하늘은 완전한 세계perfect world입니다. 그 완전한 세계에 진입하는 것이 주역의 목표입니다.

완전한 세계는 땅에서는 이루어질 수 없습니다. 완전한 세계는 하늘에서만 이루어집니다.

완전한 세계인 하늘을 지배하는 건 용龍입니다. 하늘을 나타내는 건괘乾卦에 잠룡·현룡·비룡·항룡과 같은 용들이 등장합니다. 이 용들이 사는 세계가 바로 하늘이죠.

하늘을 지배하는 용이 땅으로 내려온다면 그 용은 곧 왕을 뜻합니다. 왕이 입는 옷을 용포龍袍, 왕이 앉는 의자를 용상龍床, 왕의 얼굴을 용안龍顔 이라고 합니다. 주역의 목표는 하늘의 용이 되는 것이고, 땅에서는 왕이 되는 것입니다.

주역의 목표는 땅에서 용이 되는 것, 즉 제왕이 되는 거죠. 이 말이 지금 세상에서는 별것 아니지만, 왕이 다스리던 시대를 생각해보면 무서운 얘기입니다. 주역을 공부한다는 것 자체가 용이 되려는 행위에 해당하죠. 이를 잘 생각해보세요. 주역을 공부하는 것은 곧 반역이었습니다.

왕이 아닌 사람이 왕이 되려는 공부를 한다고 해보세요. 왕의 입장에서는 완벽한 반역입니다. 주역을 공부하는 사람은 능지처참을 당해야 하는 반역죄를 저지르는 것입니다. 주역은 이처럼 무서운 내용을 담고 있습니다.

왕의 입장에서 볼 때 주역은 오로지 왕이나 왕의 후계자만 공부하는 책입니다. 다른 사람이 주역을 공부해 세상의 원리를 터득한다면 그들은 왕에게 위협적인 존재입니다.

민주주의 사회인 오늘날에는 왕이 없으니까, 누구나 용에 도전할 수 있습니다. 대통령에게 도전하는 것과 같은 것입니다. 더구나 오늘날의 사회는 대통령만 용이 아닙니다. 각 분야에서 최고의 성공을 거둔 사람은 모두 용입니다. 현대에는 주역을 터득한다고 해서 반역이 되는 것은 아닙니다.

공자는 가죽끈이 세 번이나 닳아 끊어지도록 주역을 읽었다고 하니 주역을 터득했다고 할 수 있겠죠. 하지만 공자는 주역의 본뜻을 세상에 모두 알리지 않았습니다.

공자는 제왕이 나라를 다스리던 시절에 살던 사람으로서 주역의 본뜻을 그대로 발설하는 것은 반역이었습니다. 그래서인지 주역에 통달한 공자가 썼다고 전해지는 저술을 보면 의문점이 발견됩니다. 그 이유가 바로 주역의 통달 자체가 반역이기 때문입니다.

공자께서 주역의 뜻을 완전하게 하지 않으신 까닭에 이후 주역에 관한 저술들이 불완전해지고 결국 주역은 점서의 한계에 갇히고 말았습니다.

오늘날은 민주사회입니다. 누구나 주역의 참뜻을 터득해 성공의 길로 나갈 수 있습니다. 주역을 터득할수록 이 사회는 더 발전하게 됩니다.

현대는 더 이상 주역이 반역이 되는 세상이 아니죠. 이제는 음지에 있던 주역의 본 뜻이 양지로 나와야 합니다. 더 많은 사람들이 주역을 터득하고 활용해 용이 되어야 합니다. 용이 많이 나오는 세상이 선진국이죠.

주역 상편의 세부 흐름

주역 상편은 2개의 과정으로 구성되어 있습니다. 첫째는 태어나서 자라고 성공으로 진입하는 과정을 그렸고, 둘째는 성인이 된 후 성공에 이르는 과정을 그리고 있습니다.

구체적으로 보면 새싹에 해당하는 둔괘屯卦에서부터 큰 성취를 이룬다는 대유大有까지 진행한 다음에 그 성공을 유지하기 위해서 하늘의 뜻에 따른다는 수괘隨卦까지가 첫째 구조입니다.

둘째 구조는 새로 시작하는 고통을 그리고 있는 고괘蠱卦 부터 시작해 크게 쌓인다는 대축^{大畜}까지 진행합니다. 그다음 대축^{大畜}을 유지하기 위해서 자신을 크게 낮추라는 뜻을 가진 대과^{大過}까지 진행해 마무리합니다. 물론 이 두 구조는 하늘과 땅 그리고 물과 불이 감싸고 있죠.

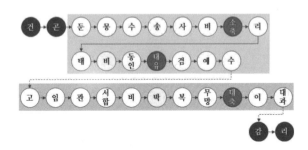

주역 상편(1~30괘) 흐름 구조

아빠가 먼저 읽고 자녀에게 추천하는 주역

▣ 용으로 태어나서 완성에 이른다

둔^屯은 새싹에 관한 내용입니다. 새싹은 충분히 보호하고 보살핌을 받아야 합니다. 그렇지 않으면 크기도 전에 죽고 맙니다.

잘 자라난 새싹은 충분한 교육을 받아야 합니다. 교육에 관한 내용이 바로 몽^蒙입니다. 격몽^{擊蒙}이란 말이 있죠. '몽을 친다'는 뜻입니다. 몽^蒙은 '어둡다, 무지하다'는 뜻이기에 이 무지를 쳐내라고 해서 친다는 뜻을 가진 격몽^{擊蒙}이죠.

충분한 교육을 받아서 밝은 세상으로 나오는 첫째 단계는 과거시험에 합격하거나 관리가 되는 것입니다. 관리로 등용되기 전에 기다리는 과정이 있습니다. 기다리는 과정을 나타낸 것이 수^需입니다.

관리로 등용되면 기분이야 좋겠지만 험난한 길이 기다리고 있습니다. 처리해야 할 일도 많고 나의 경쟁자가 나를 끌어내리려는 시도도 발생합니다. 즉, 다툼이 생깁니다. 이를 송^訟에서 다룹니다.

경쟁자를 물리치고 다툼에서 승리하면 그 다음에는 사람들을 이끄는 리더가 됩니다. 리더의 모습을 담고 있는 것이 스승이라는 뜻의 사師입니다.

리더가 되면 아랫사람을 잘 다스려야 하는데, 이때 필요한 것이 비교평가입니다. 일종의 인사고과人事考課죠. 비교평가를 나타낸 것이 비比입니다. 비比까지 잘 진행되면 작게 쌓이는 것이 있습니다. 이를 일러 소축小畜이라고 합니다.

조금 쌓이면 그 다음 행동은 과감하게 도전합니다. 조금 쌓였을 때 안주해버리면 안 되죠. 조금 쌓인 것을 밑천으로 해서 과감하게 돌진합니다. 과감하게 돌진하는 것을 일러 '밟는다'는 뜻으로 리履라고 합니다. 리履에서는 물지 않으니 걱정 말고 호랑이 꼬리라도 밟으라고 합니다.

그렇게 과감히 돌진하면 큰 것이 기다리고 있습니다. 이것이 바로 태泰입니다.

그러나 크게 성공하면 반드시 화가 뒤따르죠. 반드시 문제가 발생하는 과정이 나타납니다. 이를 '막힌다'는 뜻으로 비否라고 합니다.

크게 성공한 사실이 주변에 알려지면서 사기를 치려는 무리도 생겨납니다. 또한 스스로 교만해져서 말썽이 생기기도 하죠. 그 결과 성공이 무너질 듯 휘청거립니다. 이 상황에 직면하면 믿을 만한 사람에게 도움을 요청해서 난관을 뚫고 나가야 합니다. 주변 사람들과 함께 난관을 돌파하는 과정은 동인同人에 제시돼 있습니다. 한 번 실수는 병가지상사이므로 큰 흠이 아닙니다. 동지들을 모아서 난관을 극복해야 합니다. 그러면 드디어 크게 있다는 뜻을 가진 대유大有에 이릅니다.

대유大有는 완성입니다. 하지만 완성으로 끝이 아닙니다. 완성의 유지

역시 중요하지요. 완성을 유지하려면 겸손해야 합니다. 겸^謙이 겸손을 나타냅니다. 그 다음은 미리 예측해 불리한 일이 없도록 하자는 뜻으로 예^豫를 주장합니다.

성공을 유지하기 위한 마지막 단계는 하늘 뜻을 거역하지 않는 것으로 따른다는 뜻을 가진 수^隨입니다. 이렇게 하여 상편의 1차 과정이 완성됩니다.

▣ 개천에서 용이 나오다

상편의 2차 과정은 고괘^{蠱卦}에서 시작합니다. 고^蠱는 그릇(명皿) 위에 벌레(충虫)들이 득실거리는 모습입니다. 2차 과정은 벌레가 득실거리는 세상이 출발점입니다. 학업을 완성하고 사회에 첫 발을 내딛는 때를 시작으로 삼습니다.

사회에 첫 발을 내딛은 다음에는 무엇이든 일을 해야 합니다. 이를 임^臨이라고 합니다. 머릿속으로 생각만 해서는 아무 소용이 없습니다. 사회로 나가서 실제 일을 해야 합니다.

사람들은 자신들의 노력이 인정을 받지 못한다고 불평들을 합니다만, 그런 불평을 할 필요가 없습니다.

왜냐하면 진짜로 인정을 해주는 것은 사람들이 아니라 하늘이기 때문입니다. 하늘은 모든 것을 보고 있다는 관^觀을 주목해야 합니다.

그 다음에는 서합^{噬嗑}이 나옵니다. 서합^{噬嗑}은 씹는다는 뜻을 가집니다. 씹는 것은 음식을 먹는 것을 뜻하죠. 음식을 씹을 때는 먹을 수 있는 것과 먹을 수 없는 것을 잘 가려야 합니다. 먹지도 못하는 뼈다귀를 잘못 씹으면 이가 상합니다. 서합^{噬嗑}에서는 음식을 가려서 씹듯이 사리 분별을 잘 하라고 합니다.

인생은 스스로 꾸며가는 과정이란 점에서 비_賁가 등장합니다. 인생이란 하얀 백지 위에 그리는 그림이죠. 하얀 백지 위에서 그림이 아름다움을 뽐냅니다.

2차 과정에서도 곤경이 없을 수는 없죠. 곤경의 과정이 비_賁 다음에 나오는 박_剝입니다. 박_剝은 '칼같은 것으로 깎는다' 는 뜻입니다. 박_剝에서는 자신도 잘 모르면서 남들을 비웃는 사람들의 나쁜 습성을 지적합니다. 박_剝에서는 남들 험담하다가 자신이 깎여 나가는 비극을 맞이한다고 경고합니다.

박_剝에서 벗어나려면 반복해서 부지런히 노력하는 길이 최선입니다. 자신을 닦고 또 닦아서 스스로를 다스리지 않으면 안 되기에 반복을 뜻하는 복_復이 박_剝 다음에 등장합니다.

부지런히 반복 훈련을 하는 자세는 성실함이죠. 이 성실함은 망령됨이 없다는 무망_{无妄}으로 이어집니다. 망령됨이 없이 세상을 살아간다면 그 결과는 크게 쌓인다는 대축_{大畜}입니다. 1차 과정의 대유_{大有}와 마찬가지로 대축_{大畜}도 유지를 위해서는 필요한 조치들이 있습니다. 그 조치에는 턱을 뜻하는 이_頤와 자신을 굽히라고 하는 대과_{大過}가 있습니다.

턱은 위턱과 아래턱으로 구성됩니다. 이 세상에는 순서와 위치가 있습니다. 이 순서와 위치를 함부로 바꾸면 안 되겠죠? 이를 지적한 것이 이_頤입니다.

그 다음에는 큰 인물이 굽힌다는 대과_{大過}로 마감합니다. 큰 성공을 이룬 사람이 자신을 낮춘다면 성공은 영원히 유지될 수 있습니다. 이상으로 주역 상편의 2차 과정은 그 진행을 마칩니다.

주역 하편의 굴곡진 흐름들

주역 하편의 흐름은 현실적인 인간의 모습을 나타내므로 상편처럼 깔끔하지 않습니다. 온갖 굴곡이 널려 있는 곳이 하편입니다.

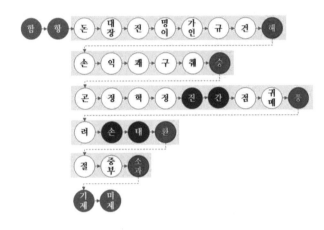

주역 하편(31~64괘) 흐름 구조

하편은 크게 4~5 과정으로 분류합니다. 5번째 과정은 앞의 4과정 모두에 대한 통합과정이므로 전체적으로 보면 4과정으로 볼 수도 있습니다.

하편은 앞부분을 함咸과 항恒으로 감싸고 마지막은 기제旣濟와 미제未濟로 마감했습니다. 함咸은 느낌을 말하고 있습니다. 항恒은 항상 이 조화를 이루어야 한다는 뜻입니다. 현실에서 부드러움과 강함이 조화를 이루지 못하면 서로 헐뜯고 싸우게 됩니다.

강하면 강한 대로 부드러우면 부드러운 대로 서로 인정하면서 교감할수 있어야만 세상은 평화롭습니다. 느낌과 강약의 조화 이 둘을 하편의 첫 머리에 둔 이유를 이해할 수 있겠죠?

주역은 사실상 기제旣濟에서 끝납니다. 이미 건너왔으니까요. 하지만 이미 끝난 일 다음에 미제未濟가 등장하며 주역을 마감합니다. 세상에 끝은 없습니다. 끝은 항상 새로운 시작입니다.

주역 하편의 과정은 상편처럼 매끄럽지가 않습니다. 이론이 아닌 현실을 그대로 투영하려다 보니 매끄러운 진행이 어려웠습니다. 따라서 하편의 과정은 들쭉날쭉하기도 하고 약간의 좌충우돌도 있을 수 있습니다. 하지만 하편에는 현실에서 써먹을 수 있는 내용들이 더 풍부하게 들어 있습니다.

▣ 첫 번째 성공 패턴

하편의 1차 과정은 돈遯에서 시작합니다. 돈遯은 때를 알고 물러날 줄 알아야 화를 면한다는 내용을 담고 있죠. 하편 1차 과정은 시작부터 몸조심을 하라고 합니다.

처음 시작부터 몸조심을 하라고 한 것에 대해 잘 생각해보세요. 험난한 세상에서 모진 일을 당하지 않으려면 내 몸부터 잘 보존해야 합니다. 오늘날로 말하자면 건강을 잘 챙기는 것도 될 수 있습니다.

돈遯 다음에는 힘이 센 사람을 뜻하는 대장大壯이 나옵니다. 사람이 힘이 세면 좋을 것 같죠? 약한 것보다는 좋겠지요. 하지만 힘이 세다고 해서 함부로 행동하면 오히려 해가 됩니다. 어린 양이 자기 힘을 믿고 가시덤불을 뚫고 가려고 하는 것은 무모합니다. 아무리 힘이 세도 물고기는 그물로 잡아야지 힘으로 잡는 것이 아니죠. 힘보다는 지혜가 더 중요합니다.

아랫사람을 대할 때 덕을 베풀 줄 알아야 합니다. 대장大壯 다음에 진晉

이 나오는데 진^晉이 바로 덕으로 아래 사람을 대하라는 입니다. 그 다음 명이^{明夷}·가인^{家人}·규^睽·건^蹇·해^解로 이어집니다.

명이^{明夷}는 해가 질 무렵 취해야 할 전략들을 자세히 나열합니다. 그 다음 가인^{家人}은 집안에서 가족들이 어떻게 살아야 하는지를 말하죠. 규^睽는 애매한 상황에서 엿보는 것을 말하고 있으며, 건^蹇은 다리를 절름거리는 상황에 대해 자세히 설명합니다.

인생의 우여곡절을 다 겪으면 해답이 나옵니다. 이것이 바로 해^解입니다. 인생의 답을 찾아낸 것이죠.

해를 마지막으로 해서 하편 1차 과정을 마감합니다.

인생에서 끝이나 마감은 없습니다. 해답을 찾았다고 해서 끝이 아니라는 거죠. 해답을 찾았어도 잠깐 방심하는 사이 또 다른 시련이 밀려옵니다. 이것이 진짜 현실이죠.

세상을 살면서 부딪치는 문제는 다양합니다. 몸을 피해야 할 때도 있고, 나를 굽혀야 하는 때도 있습니다. 남들에게 덕을 베풀어야 하기도 하고, 역발산 항우^{項羽}도 유방^{劉邦}에게 패해서 젊은 나이에 생을 마감했듯이 힘보다 지혜를 써야 할 때도 있습니다.

프로젝트를 마감해야 할 시점에 전략적으로 취해야 할 행동도 있고, 이러지도 저러지도 못하는 애매한 상황에 처하는 경우도 있습니다.

이런 여러 상황을 겪다보면 인생에 대한 해답이 보이기도 합니다. 그 해답이 어느 정도 실마리를 제공해주지만 완전할 수는 없습니다. 해답을 찾았다고 해도 상황이 바뀌면 그 답이 오답일 수가 있기 때문이죠. 오답을 들고 있다가 뒤통수를 맞을 수도 있어요.

하편의 1차 과정은 다양한 전략적 선택에 대한 솔루션^{solution}을 제시합니다. 이런 솔루션은 주공이 실제 현실에서 겪은 경험담을 기초로 하고 있습니다. 주공이 중국에서 가장 악랄한 폭군인 주왕紂王의 시대를 살았으니까요.

주왕紂王이 어느 정도 폭군이었는지는 주지육림酒池肉林이란 말에서도 알 수 있습니다. 주왕은 연못을 술로 채우고 고기로 숲을 만들 정도로 호화롭고 방탕했으며 사람 죽이기를 밥 먹듯이 한 왕이었죠.

주왕紂王은 문왕의 큰 아들을 솥에 삶아 죽였는데, 그 삶은 물을 아버지인 문왕에게 강제로 먹게 했다고 합니다. 주역의 내용은 엄청난 일들을 직접 경험하고 가까이서 지켜본 주공의 경험담이기에 내용이 현실적이고 절박합니다.

절름발이를 뜻하는 건蹇에서는 다리를 저는 것이 결코 장애가 아니라고 합니다. 다리를 절기 때문에 오히려 화를 면할 수 있기 때문입니다. 이런 내용은 실제 경험에서 우러난 것이라고 봐야 합니다.

▣ 두 번째 성공 패턴

1차 과정에서 해답을 얻었을지라도 상황은 늘 변하기 마련이며, 상황에 신속히 대처하지 못한다면 그 해답이 쓸모없어집니다.

2차 과정은 잘못된 해답 때문에 큰 손해를 보는 데서 시작합니다. 큰 손해를 보는 상황에 대한 대처법은 손損에 제시돼 있습니다. 손실이 발생하면 빠르게 손실을 잘라내는 것이 필요합니다. 이를 손절loss cut이라고 합니다. 술을 따르듯이 손실을 빨리 흘려보내야 합니다. 손실을 그대로 안고 있으면 더 큰 손실로 이어집니다.

손실이 끝나면 이익이 옵니다. 그래서 손損 다음이 익益입니다. 이익은 천천히 그리고 충분히 취하는 게 좋습니다.

이익이 나면 그 다음엔 어떻게 하는 것이 좋을까요? 과감하게 일을 진행시키는 것이 답이겠죠? 그래서 쾌夬가 이어집니다. 상편에 소축小畜 다음에 오는 리履가 있다면, 하편에는 익益 다음의 쾌夬가 있습니다. 두려워 말고 강력하게 일을 추진하라는 것이 쾌夬입니다. 이 경우 보란듯이 내놓고 일을 추진해도 됩니다.

일을 공개적으로 추진하다 보면 장애가 나타나기 마련입니다. 이는 정말 다루기 힘든 여자를 만나는 구姤가 쾌夬 다음에 나오는 이유죠. 구姤는 만남을 뜻하는데, 그 만남이 만만치가 않습니다. 드센 여자를 만나서 일이 진척되지 않는다면 혼자 힘으로 밀어붙일 것이 아니라 다른 사람의 도움을 받는 것이 좋습니다. 구姤 다음에 사람을 모은다는 뜻을 가진 췌萃가 나옵니다. 사람을 모은다는 측면에서 상편의 동인同人과 췌萃는 닮은 점이 많습니다. 사람들이 모이면 무슨 일이든지 추진할 수 있습니다. 그래서 사람을 모으는 일은 늘 이익이 됩니다.

2차 과정은 곡식의 양을 재는 기구인 되를 의미하는 승升으로 마감합니다. 농경사회에서 곡식의 양을 재는 되는 말과 더불어 풍요로움을 나타내죠. 승升은 먼저 차지하는 사람이 고을의 임자가 되는 상황처럼 좋은 때입니다. 200년 전 미국의 개척기 당시, 땅에 말뚝 박아놓고 팻말을 달아 이름만 적어 놓으면 내 땅이 되는 시절이 있었는데 이런 상황이 바로 승升입니다. 너무나 잘 나가는 상황을 말합니다.

인간 세상에서 영원히 잘 나가는 일은 없습니다. 잘 나가다가 또 다시 고꾸라집니다. 승升은 잘 나간다는 뜻이지만 마지막 추락을 항상 조심하라고 합니다. 승升에서 추락하면 그 추락은 끝이 없기 때문입니다. 가진

게 없는 사람은 잃을 것도 없지만, 풍요로운 상황에서의 추락은 몇 배 더 힘이 들죠.

▣ 세 번째 성공 패턴

잘 나가다가 추락하면 아무도 없는 곳에 홀로 버려진 것처럼 돼 버립니다. 하편 3차 과정은 곤困에서 시작합니다. 사방을 둘러봐도 아는 사람도 없고 도와줄 사람도 없습니다. 내 말을 들어주는 사람이 없습니다. 이런 상황이 곤困입니다. 이럴 때는 어찌해야 할까요? 별 다른 방법이 없습니다. 그냥 하늘에 빌고 또 비는 것이 답입니다. 이런 상황에서 주역에서는 하늘에 제사를 지내라고 합니다.

곤경에 빠진 사람은 판단력도 흐려집니다. 그래서 상황을 더 악화시키기도 합니다. 곤困 다음에 우물을 뜻하는 정井이 이어지는데, 정井에서는 고을을 고치고도 우물을 고치지 않아서 물을 먹을 수 없게 된 상황을 설명합니다. 아무리 고을을 잘 설계했어도 물이 없으면 그 고을은 사람이 살 수 있는 곳이 아닙니다.

곤경에서 빠져 나왔더니 이제는 마실 물이 없는 고을이 된 거죠. 이렇게 어려운 국면에 처한 사람은 마음을 단단히 먹어야 합니다. 즉, 가죽끈으로 묶듯이 마음을 단단히 묶고 자신을 바꾸어야 합니다. 자신의 처지가 잘못된 이유는 자신에게 있음을 인정해야 하죠. 그래야만 어려운 상황에서 빠져 나올 수 있습니다.

정井 다음에 개혁 또는 혁신을 뜻하는 혁革이 옵니다. 요즘에는 개혁이란 말이 많이 쓰입니다. 개혁을 할 때는 가죽끈으로 묶듯이 자신을 단단히 묶어야만 흐트러지지 않고 진행이 됩니다. 혁신을 하면 드디어 먹을

양식이 생깁니다. 그래서 혁革 다음에는 솥을 말하는 정鼎이 등장합니다. 음식을 조리할 수 있는 솥은 보물 중의 보물입니다. 개혁을 통해서 자신을 바꾸니까 솥에서 밥이 익고 있는 상황까지 호전됐습니다.

생활에서 솥은 너무나 중요해서 항상 집안 가운데 둡니다. 하지만 솥이 한 중앙에 있으면 돌아다니다가 발로 솥을 걷어차 엎어버릴 수 있습니다. 이런 점에 주의해서 솥을 설치할 때 중앙에서 약간 떨어진 곳에 하는 것도 지혜입니다.

먹고 살 만한 상황이 되면 주변 사람들이 한 마디씩 하죠. 더러는 내게 뜯어 먹을 것이 있는지 기웃거리기도 하고, 내 일에 참견하기도 합니다. 이럴 때는 어떻게 할까요? 주변에 전혀 신경을 쓸 필요가 없습니다. 귀막고 내 할 일만 묵묵히 하면 됩니다.

정鼎 다음에 나오는 진震은 우레입니다. 우레가 치고 번개가 칩니다. 두렵습니다. 하지만 우레가 친다고 해서 달라진 것은 별로 없습니다. 오히려 우레가 치면서 비가 내려 곡식의 생장을 돕죠. 우레를 무서워할 필요는 없습니다.

진震 다음에는 산을 뜻하는 간艮이 옵니다. 산의 역할을 가만히 살펴봅니다. 산에는 새가 삽니다. 산에서 물이 흘러나옵니다. 산에는 숲이 있습니다. 짐승들이 사는 곳도 산입니다.

산 역시도 생명을 탄생시키는 땅입니다. 산이 하는 기능은 만물을 이롭게 하는 땅과 똑 같습니다. 오히려 땅보다 더 많은 혜택을 주는 것이 산입니다.

그 산은 항상 제자리에 있습니다. 산은 이동하지 않는 거죠. 산은 항상 그 자리에서 만물에게 고루 혜택을 줍니다.

진(震)에서 주위가 아무리 시끄러워도 신경을 쓰지 말라고 했듯이, 산을 뜻하는 간(艮) 역시도 그렇습니다. 산은 아무런 불평없이 오히려 행복한 마음으로 모든 것을 내어 줍니다. 하편 3차 과정은 곤경에 처한 상황에서 시작해 점차 상황이 나아지는 과정으로 진행해 드디어 산처럼 듬직하게 행동할 정도로 좋아졌습니다.

일에는 항상 순서가 있게 마련입니다. 순서를 뒤죽박죽으로 만들면 안 됩니다. 그래서 산을 뜻하는 간(艮) 다음에 점(漸)이 나옵니다. 점(漸)은 점차적으로 또는 순서에 따라서 일을 진행하는 요령을 알려줍니다.

기러기가 날아오르지만 하루 종일 하늘에서 날 수만은 없습니다. 기러기는 반드시 땅으로 내려와야 합니다. 점(漸)에서는 기러기의 활동상태를 예로 들면서 세상 돌아가는 순리에 따라서 점차적으로 일을 진행할 것을 권합니다.

기러기가 땅으로 내려오면 날개를 접어야 하죠. 땅에서 날개를 펴고 다니는 기러기는 없습니다. 기러기는 하늘에서의 행동과 땅에서의 행동을 달리합니다. 사람도 마찬가지입니다. 주변 여건에 따라서 자신을 바꾸어야 합니다. 하늘에서 날개를 접으면 안 되듯이 땅에서 날개를 펴도 안 됩니다. 상황에 맞는 적절한 처신이 중요하다는 뜻입니다.

바른 처신을 하면서 살면 어느 정도 형편이 나아집니다. 이때 시집간 누이가 시댁에서 돌아오는 일이 생깁니다. 시댁에서 쫓겨난 것인지도 모르죠. 이를 귀매(歸妹)라고 합니다. 누이가 집으로 돌아오면 반갑습니다. 하지만 그 반가움도 잠시뿐입니다. 시댁에서 쫓겨난 누이는 골칫덩이입니다. 누이가 가끔 엉뚱한 짓도 해서 주변 사람들의 눈총을 받기도 합니다. 이럴 때는 누이를 잘 단속해서 구설수에 휘말리지 않도록 해야 합니다.

집안 단속이 필요하다는 거죠.

집안 단속 잘 하자는 귀매歸妹까지 이르고 나면 3차 과정은 마지막으로 풍豊만 남겨 놓습니다. 풍豊은 말 그대로 풍족하다는 뜻입니다. 하편의 3차 과정은 곤困에서 시작해 풍豊까지입니다.

3차 과정은 풍豊으로 마감하게 되는데, 풍豊에도 조심해야 할 내용이 있습니다. 풍요로워지면 그것으로 완성일 것 같지만 그렇지 않습니다. 돈이 많아지면 사람들의 생각이 바뀝니다. 돈이 없을 때는 일도 열심히 하고 어떻게 하면 잘 살 수 있을까 고민도 했지만, 막상 돈이 많아지면 사람이 변해버립니다.

사람이 변하면 어찌될 지 뻔합니다. 또 다시 나락으로 떨어지게 되죠. 풍요로워지면 사람들은 엉뚱한 생각과 말도 안 되는 행동을 합니다.

풍豊에서는 대낮인데도 처마 밑이 어둡다고 해서 처마 밑에서 별을 볼 수 있다고 우긴다고 말합니다.

심지어는 물과 흙이 뒤섞여서 물인지, 흙인지 구분도 안 되는 늪에서도 물거품을 볼 수 있다고 우기기도 합니다. 이 얘기가 남 얘기만은 아닙니다. 자신을 한번 돌아보세요. 나도 그렇게 우기면서 살고 있는 것은 아닌지 생각해 볼 필요가 있습니다.

정도의 차이는 있지만 사람들은 거의 모두가 자기 생각을 우기면서 삽니다. 그 결과는 매우 좋지 않습니다. 풍豊은 올바른 생각과 행동을 유지했을 때만 지속됩니다. 엉터리 생각, 자기만 잘났다고 우기는 행동을 하면 풍豊이 유지되기는커녕 상황이 급속도로 악화되고 맙니다.

있을 때 잘 하라는 말이 남의 얘기가 아닙니다. 하편 3차 과정을 풍豊으로 마무리하면서 주역은 앞으로 닥쳐 올 더 큰 시련을 암시하고 있습니다. 좋았다 나빴다 하면서 진행되는 것이 인생이긴 합니다만 그래도 너무 나쁜 일을 겪고 살지 않으면 좋겠죠. 적당한 고통은 상관없지만 극심한 고통을 받으며 살 필요는 없습니다.

▣ 네 번째 성공 패턴

하편의 4차 과정은 풍요에서 나락으로 떨어지는 려旅로 시작합니다. 려旅는 오갈 데 없는 나그네를 말합니다. 4차 과정은 1~3차와 달리 그 과정이 비교적 짧습니다.

4차는 려旅 · 손巽 · 태兌 · 환渙의 4과정입니다. 3차까지 과정을 겪어 본 사람이라면 4차에서는 어려움을 쉽게 극복할 수 있습니다. 반면 몇 차례 실패를 경험해본 사람이 또 다시 실패하면 정말 깊은 나락으로 추락한다는 점에 있어서 4차 과정은 나그네라는 혹독한 상황에서 출발합니다.

려旅에서 집도 절도 없는 떠돌이가 되고 말았습니다. 3차 과정의 마지막인 풍豊을 유지하지 못하고 엉뚱한 짓만 일삼다가 모든 것을 잃고 떠돌이가 되었습니다. 떠돌다가 아이 하나를 만나서 같이 다녔는데 어느샌가 그 아이도 도망쳐 버립니다. 하늘 아래 나홀로 떠돌고 있습니다. 이것이 려旅입니다.

떠돌이는 막막해 어떤 희망도 없습니다. 지난 세월을 한탄해봐야 소용이 없습니다. 하지만 이럴 때일수록 정신을 바짝차려야 합니다. 정신을 차리고 보면 자신의 위치가 보입니다. 무엇을 어떻게 해야 할지 차분히 생각합니다.

생각해보니 나아갈 때와 물러날 때를 분간하지 못하고 설쳤던 자신의 모습이 보입니다. 떠돌이가 될 수밖에 없었던 자신의 모습을 봅니다.

미약하지만 작은 것 하나부터 다시 시작합니다. 이것이 부드럽다는 뜻을 가진 손^巽입니다. 미약하고 부드럽지만 가볍게 여기지 않습니다. 자신이 실패한 원인은 사람들과 화합하지 못했기 때문이라는 것을 깨닫습니다. 이것이 바로 화합과 신뢰를 뜻하는 태^兌입니다.

남을 배려할 줄 알고 겸손했다면 실패하지 않았을 거라는 것을 알게 되고 사람들과 화합합니다. 사람들과 화합하고 신뢰를 주면서 급속도로 상황이 좋아집니다. 재기에 성공하는 것입니다.

산전수전 다 겪고 재기에 성공하면 빛이 납니다. 빛나는 모습을 나타낸 것이 환^渙입니다. 하편 4차 과정은 환^渙으로 마감하는데, 환^渙에 이르면 더 이상의 추락은 없습니다. 몇 번씩 추락해 본 경험이 있기에 환^渙에서는 추락할 수도 없습니다.

▣ 성공을 유지하기 위한 전략

5차 과정은 빛나는 삶을 얻은 환^渙 이후를 나타내는데, 이 과정은 반드시 5차 과정이 아닐 수도 있습니다. 1차 과정의 최종 과정인 해^解, 2차 과정의 마지막인 승^升, 3차 과정의 마지막인 풍^豊, 그리고 4차 과정의 끝에 나오는 환^渙에서 바로 5차 과정으로 진행될 수도 있습니다.

1차 과정에서 바로 5차 과정으로 온다면 인생에서 추락은 없습니다. 마찬가지로 2차 과정에서 바로 5차 과정으로 진행돼도 인생에서 더 이상의 고통은 없습니다. 왜냐하면 5차 과정은 절도를 지키며 사는 절^節과 중심을 잃지 않고 믿음을 유지하는 중부^{中孚}, 그리고 작은 것 하나 얻는 것이 인생이라는 소과^{小過}로 이어지기 때문입니다.

5차 과정은 인생의 부침과 상관없이 사람이 지켜야 할 도리, 가져야 할 태도를 말하고 있습니다. 그래서 5차 과정의 절節과 중부中孚 및 소과小過는 공자를 비롯한 유가儒家의 주요 관심사였습니다.

5차 과정의 3개의 괘만 잘 터득하고 활용하면 인생에서 피곤해질 일은 없을 것입니다. 절節은 마디를 말하죠. 대나무 마디를 보세요. 들쭉날쭉 하지 않습니다. 대나무 마디는 아주 균일하죠. 대나무 마디는 제멋대로 생기지도 않았습니다. 대나무는 자로 잰 듯이 정확하게 마디를 형성하고 있습니다.

사람의 태도나 행동이 대나무 마디처럼 균일하면서 변덕스럽지 않다면 나쁜 상황이 만들어지지 않을 것입니다. 옛날에도 마디가 가지는 성질을 자세히 관찰해본 결과 사람도 대나무 마디처럼 끊고 맺음이 분명하고 균일하며 함부로 나서지 않으며 자기 본분을 잘 지키면 세상은 평화로워질 것임을 알 수 있었습니다. 그러니까 공자가 절節에 관심을 두었던 거죠.

중부中孚 또한 중요합니다. 중심을 꼭 붙들고 믿음을 잃지 않는다는 중부中孚는 누가 봐도 사람이 가져야 할 바람직한 덕목입니다. 남들뿐만 아니라 나 자신을 위해서도 흔들리지 않고 중심을 유지하는 것이 필요하죠.

인생의 목적이 대단한 것이 아니라 작은 것을 하나 얻으면 충분하다는 생각을 반영한 결과로 소과小過 또한 중요합니다. 지나친 욕심이 인생을 파괴합니다. 그렇습니다. 잘 나갈 때 욕심을 적당히 부렸더라면 파산할 일은 없습니다. 작은 것만 건져도 된다는 마음으로 살았다면 실패는 없었을 것입니다.

하편의 5차 과정은 유가儒家에서 말하는 내용을 함축적으로 담고 있습니다. 이 내용을 볼 때 유가儒家뿐만 아니라 중국의 제자백가 사상이 거의

다 주역에 뿌리를 두고 있다고 하는 말에 이의를 달기 어렵습니다.

주역 하편의 굴곡진 흐름들은 이미 건넜다는 기제_{旣濟}로써 끝납니다. 당연한 말입니다. 절_節 · 중부_{中孚} · 소과_{小過}를 거치면 이미 주역을 통달한 것입니다. 일생의 모든 과정을 다 거쳐서 달관의 경지에 이르렀으니 이미 성공의 관문을 통과한 거죠. 그래서 기제_{旣濟}입니다.

주역이 더욱 빛나는 이유는 기제_{旣濟} 다음의 미제_{未濟}에 있습니다. 완성하고 보니 처음으로 돌아와 있다는 뜻을 가진 미제_{未濟}가 주역의 마지막을 장식하고 있습니다.

세상을 다 알고 나면 그것이 바로 처음 시작입니다. 다 안다고 해서 아는 것이 아니죠. 다 알고 나면 다시 시작이죠. 대부분의 사상이나 철학에서 세상의 돌고 도는 원리를 강조합니다. 끝은 없다는 거죠. 주역도 마찬가집니다.

기제_{旣濟}로 끝나고 나면 다시 미제_{未濟}로 돌아와서 새로운 시작입니다. 사람은 태어나서 자라고 새 생명을 탄생시키고 살다가 죽습니다. 주역이 반복되는 인간의 삶을 그대로 투영했습니다.

본 책의 내용에 대해 의견이나 질문이 있으면
전화 (02) 360-4565, 이메일 dodreamedia@naver.com을 이용해주십시오.
의견을 적극 수렴하겠습니다.

아빠가 먼저 읽고 자녀에게 추천하는

주 역

제1판 1쇄 인쇄 | 2016년 5월 23일
제1판 1쇄 발행 | 2016년 5월 30일

지은이 | 문진식
펴낸이 | 고광철
펴낸곳 | 한국경제신문
기획·편집 | 두드림미디어

주소 | 서울특별시 중구 청파로 463
기획출판팀 | 02-3604-565
영업마케팅팀 | 02-3604-595, 583   FAX | 02-3604-599
E | dodreamedia@naver.com
등록 | 제 2-315(1967. 5. 15)

ISBN 978-89-475-4084-1 03150